# VERFEUIL

## (GARD)

PAR

### LE CHANOINE ROMAN

MEMBRE CORRESPONDANT DE L'ART CHRÉTIEN

ET DE L'ACADÉMIE DE NIMES

DEUXIÈME PRIX DU TROUVÈRE DE PARIS

SECONDE ÉDITION REVUE ET CORRIGÉE

## TOURS

IMPRIMERIE PAUL BOUSREZ

1894

# VERFEUIL

# VERFEUIL

## (GARD)

PAR

### LE CHANOINE ROMAN

MEMBRE CORRESPONDANT DE L'ART CHRÉTIEN
ET DE L'ACADÉMIE DE NIMES
DEUXIÈME PRIX DU TROUVÈRE DE PARIS

SECONDE ÉDITION REVUE ET CORRIGÉE

## TOURS

IMPRIMERIE PAUL BOUSREZ

1894

# PRÉFACE

Recomposer, autant que possible, l'histoire du pays natal, avec les quelques fragments épars des notions locales lacérées par les fureurs révolutionnaires, et les quelques précieux débris arrachés comme par miracle aux ruines opérées par le cours tourmenté des siècles, tel est le rôle, à la fois difficile et consolant, que s'impose la piété filiale du modeste et laborieux archéologue.

Pour remplir ce rôle, son œil, sa main, ses pieds, sa patiente activité, se livrent de concert à d'incessantes recherches, amenant tôt ou tard la découverte agréable de quelques trésors archéologiques. Ici, de vieux parchemins, là, des pierres sculptées, des inscriptions gravées lui révèlent une date, une époque, un événement mémorable; lui déclarent le secret d'un site effacé, d'une abbaye, d'un prieuré, d'une église antique, d'un tombeau, fidèle gardien de précieuses reliques; enfin, de quelque vieux manoir plus ou moins décauronné.

Les mémoires écrits, gravés ou sculptés sont recueillis plus ou moins nombreux et importants, selon le plus ou moins d'importance de leurs motifs historiques. Et si la persévérance de l'archéologue ne peut parvenir à les coordonner aussi suivis et nombreux que le voudrait son désir, elle n'en éprouve pas moins la satisfaction d'avoir osé poursuivre une mission sacrée et méritoire, selon la mesure permise à sa bonne volonté. On voudra bien ne pas trouver insipide la lecture des nombreux documents textuels que renferme cette étude; nous le considérons, nous, comme des reliques archéologiques dont le précieux témoignage vaut mieux, pour notre petite histoire locale, que la plus agréable narration littéraire.

Grâce à une autorisation compétente, nous permettons à cette notice de se révéler à la suite de sa sœur aînée, intitulée : GOUDARGUES, se recommandant de la bénédiction d'un grand évêque, datée du 20 janvier 1885, dont voici l'expression :

*Mon cher Chanoine,*

*C'est avec plaisir que je bénis vos travaux, et j'espère que votre travail sur Verfeuil vaudra celui que vous avez fait sur Goudargues. Je saisis cette occasion pour vous renouveler la satisfaction que m'a fait éprouver cette notice.*

*Croyez, bien cher Chanoine, à mes sentiments affectueux.*

*LOUIS, év. de Nîmes.*

A ce témoignage d'encouragement nous joignons celui d'un vicaire général de Nimes, devenu le successeur de choix de l'illustre Mgr Besson :

ÉVÊCHÉ

DE NIMES

—

*Nimes, le 6 mars 1885.*

*Mon cher Ami,*

*Je vous remercie de tout cœur de vos aimables félicitations. Mieux que personne, et en qualité d'ami, vous comprendrez combien j'ai besoin de prières afin de n'être pas trop inférieur à ma tâche, et vous prierez pour moi avec cette ferveur que je sus apprécier au Grand-Séminaire et qui fut le principe de notre amitié.*

*J'ai lu avec le plus grand intérêt votre étude sur Goudargues. On nous a annoncé hier que vous travaillez sur Verfeuil : je me réjouis par avance d'avoir à vous lire encore quand vous publierez votre travail.*

*Agréez, cher Chanoine et Ami, l'expression de ma fidèle amitié en N.-S.*

*GILLY, v. g.*

Enfin, après avoir soumis ce travail au contrôle compétent d'un éminent confrère, nous ajoutons ici son précieux témoignage.

*Bagnols, 21 décembre 1891.*

*Cher et vénéré Chanoine,*

*La conclusion à tirer de la lecture de votre manuscrit, c'est qu'il serait à désirer que le diocèse eût beaucoup de curés et l'Académie force collaborateurs de votre espèce ; vous honorez celle-ci et celui-là.*

*Autant que j'en peux juger, moi qui ne suis pas un chercheur, votre travail réunit toutes les conditions du genre. Il abonde en détails de prix même pour l'histoire générale ; il fait revivre ce coin de terre sur lequel vous êtes né et vivez. Ceux de vos compatriotes qui ont au cœur quelque chose de l'amour que vous témoignez pour votre pays et dans l'esprit un tout petit rayon de la flamme qui éclaire le vôtre, vous sauront gré de votre étude et seront même fiers de vous.*

*Pour moi, cher et vénéré Chanoine, je m'honore d'être votre confrère en beaucoup de choses, en l'Académie surtout, et votre ami respectueux et dévoué en N.-S.*

*A. DELACROIX.*

Après le panorama de Verfeuil, nous procéderons par classification des noms des diverses familles seigneuriales et de certains actes révélés de leur administration, en rapport avec les habitants ou la communauté de Verfeuil, depuis 1210 jusqu'au règne du dernier baron de Verfeuil, 1856.

*Sources où sont puisés les renseignements qui ont servi à la composition du présent ouvrage.*

Archives du château de Verfeuil et rubriques des reconnaissances féodales des seigneurs de Verfeuil.

Dictionnaire topographique, statistique et historique de M. le chanoine Goiffon.

Notice historique de l'abbaye royale de Notre-Dame de Valsauve, par M. le chanoine de Laville.

Papiers de l'abbaye de Goudargues et du prieuré de Topian.

Papiers de la communauté de Verfeuil.

Papiers de la paroisse de Verfeuil.

Parchemin du château de la Roque et Notice sur le château de Verfeuil et de la Roque.

Liste chronologique des comtes d'Alais, par M. Bardon, receveur des domaines et membre de l'Académie de Nîmes.

Nous déclarons ici ces diverses sources, pour rendre justice testimoniale à qui de droit et afin de ne pas surcharger de renvois les marges des pages de ce travail.

## PANORAMA DE VERFEUIL

Castrum de Viridi-folio (Verfeuil), en 1211 (Gallia christiana VI, Instr..., page 304). Locus de Viridi-folio (dénombrement de la sénéchaussée en 1384) (1).

*Armoiries de vair à un pal losangé d'argent et de sable.*

Le village de Verfeuil est dominé par un antique château dont la construction *définitive* nous paraît remonter vers le commencement du XII° siècle, vu ses petits appareils, quoique l'ogive s'y mêle plus tard, dans certaines ouvertures d'une autre époque.

Les remparts qui environnaient le village sont aujourd'hui démolis en majeure partie. Il existe encore à l'est un portail avec mâchicoulis, supportant une tour carrée qui a servi pendant de longues années de clocher paroissial.

A l'arrière-plan du château, s'ouvre un défilé profondément encaissé, aboutissant dans la forêt à un mamelon surmonté d'une tour antique dont la porte s'ouvre en face de la grande tour du château, à une distance d'environ cinq cents mètres.

Du sein de cette forêt, jadis très boisée, dérivaient des sources abondantes en faveur du vallon fertile que son aspect verdoyant avait fait appeler de Veridi-folio, Verfeuil.

Deux canaux de torrents caillouteux serpentent autour de ce vallon ; l'un, Guillon, de l'ouest à l'est, côté nord ; l'autre, Davègue, de l'ouest à l'est côté du sud.

Au cœur même de ce vallon, un réservoir conique,

(1) *Dictionnaire topographique* du chanoine Goiffon.

nommé les Soudans, autrefois La Vialle, resume par
ébullition, à la suite des pluies abondantes, ses eaux
profondes, qui, s'écoulant par un canal sinueux, vont
se mêler aux eaux de Davègue, pour confluer ensuite
avec les eaux de Guillon, jusqu'à la rivière de Cèze.

De nos jours, soit que la forêt de Verfeuil, déboisée
par la hâche du bûcheron, ne puisse plus féconder par
ses frais et humides ombrages les sources primitives,
soit que la tradition d'une malédiction lancée par saint
Bernard sur un Verfeuil rebelle à sa mission aposto-
lique, se rapporte à notre Verfeuil, dont l'aspect des-
séché dans la saison d'été semble rendre son beau nom
dérisoire, les eaux de Guillon, de Davègue et des Soudans n'abondent qu'irrégulières pendant les grandes
pluies et deviennent insuffisantes à l'usage des habitants pendant les grandes chaleurs.

En 1790, M. l'abbé d'Ornac de Saint-Marcel, prévôt
de la cathédrale de Nîmes, oncle de M. Amédée d'Ornac, dernier baron de Verfeuil, avait fait dresser le plan
et le devis d'un projet qui devait amener dans le milieu
du village les eaux d'une source située dans les garrigues de Perrières, qui ont été canalisées depuis quelques années en faveur du hameau de Goussargues,
commune de Goudargues. La révolution de 1789, par
les excès de 1793, fit avorter ce projet dont l'exécution
devait être un véritable bienfait pour Verfeuil.

L'administration municipale de Verfeuil, stimulée par
les incessantes réclames des habitants, a fait canaliser,
en 1888, les eaux d'une source située au-dessus du
château des Aupiats dans le territoire de Saint-Marcel-
de-Carreiret, et aujourd'hui Verfeuil possède une
agréable fontaine auprès de l'ancien clocher paroissial.

Un projet en faveur des hameaux du Moulas et de

Mouton, mis enfin à exécution en 1893, leur a procuré les eaux de deux sources situées à la côte du quartier de Villeneuve, commune de Goudargues.

La commune de Verfeuil comprend plusieurs hameaux dont voici les dénominations : Valsauve (ancienne abbaye de bernardines), Collongres, Montèze, Castelbourg, Vigoutrès, Grissac, Moulin Bès, Clapeyret, les Marques, le Moulas et le Mas-de-Mouton.

La population, toute catholique, fort paisible et très laborieuse, compte environ sept cents âmes.

Le pays serait très fertile, si les pluies y tombaient opportunes.

Les récoltes consistent en cocons, blé, autres céréales et multiples denrées.

Les troupeaux de moutons et brebis y étaient élevés très nombreux à l'époque où le prix de la laine était rémunérateur, et où les gages des bergers étaient modérés. Ces nombreux troupeaux fournissaient un puissant et fécond engrais pour la culture des terres.

Ce pays jouirait, en général, d'une certaine aisance, si les récoltes de cocons et de blé se négociaient à des prix tant soit peu rémunérateurs et proportionnels aux frais de la main-d'œuvre. Si la crise dont il souffre douloureusement, devait éprouver sa patience pendant quelques années encore, elle occasionnerait, avec un profond découragement, une cruelle ruine. — Heureux le jour où, pour nos patients et courageux cultivateurs, serait prise en considération cette maxime de Sully : *Le labourage et le pâturage sont les deux mamelles de la France, et les vrais mines et trésors du Pérou.*

# LES SEIGNEURS ET LA COMMUNAUTÉ

## DE VERFEUIL

Le château de Verfeuil et sa chapelle interne, qui n'a plus qu'une destination profane, furent fondamentalement construits dans le style roman ; plus tard l'ogive s'y mêle au plein cintre sur certaines ouvertures, selon les modifications progressives du style ogival.

Les évêques d'Uzès avaient un droit de suzeraineté sur la terre de Verfeuil : en 1209, Raymond VI, de Toulouse, en fit hommage à l'évêque Raymond III, et en 1211, un diplôme du roi Philippe-Auguste en assura la possession à l'évêque d'Uzès (1).

In nomine sancte et individue Trinitatis. Amen.

Philippus Dei gratia Francorum Rex...

Nos itaque volentes predecessorum nostrorum vestigiis inherere, Raimondo Uticensis Ecclesiæ Episcopo, ejusque successoribus... in perpetuum possidenda concedimus... castrum de Trescas... de Venejano, villam sancti Pauleti,

Au nom de la sainte et individvisible Trinité. Amen.

Philippe, par la grâce de Dieu, Roi des Français.

C'est pourquoi, voulant, Nous, suivre les traces de nos prédécesseurs, Nous concédons à Raymond, évêque de l'église d'Uzès, à perpétuité, la possession du château de Tresques... de Vénéjean, du village de Saint-Paulet, du château

(1) *Dictionnaire topographique* du chanoine Goiffon.

castrum de Aygueza, de *Cornilhone*, Bastidam d'Ornols, cum toto honore de Tharausis, *castrum de Viridifolio*, de Mercuerio, prioratum de Valle salva prioratum de Angostrinis, villam sancti Marcelli, villam sancti Laurentii, villam de Fonteharecta, Bastidam de Gras, de Brugueria, castrum de Barjacho.

Actum Parisiis, anno domini millesimo ducentesimo undecimo.

d'Ayguèze, de *Cornillon*, de la Bastide d'Orniols, avec tous les honneurs de Tharaux, du château de *Verfeuil*, de Merquel, du prieuré de Valsauve, du prieuré des Angoustrines, du village de Saint-Marcel, du village de Saint-Laurent, du village de Fontarèche, de la Bastide-d'Engras, de la Bruguière, du château de Barjac.

Fait à Paris, l'an du Seigneur mil deux cent onze.

(Archives ducales d'Uzès : Valsauve, par le chanoine de Laville.)

Il ne nous est pas possible de discerner ici les limites réciproques des droits des évêques d'Uzès et du seigneur laïque de Verfeuil qui possède déjà en 1210.

Il peut se faire qu'en acquérant sa portion de juridiction seigneuriale, Rostang de Pujaut, qui nous est signalé le premier, ait eu la prétention de sous-entendre les droits de suzeraineté de l'évêque d'Uzès, et qu'un conflit à ce sujet ait provoqué le diplôme de Philippe-Auguste daté de l'année suivante, 1211.

Plus tard, les droits de suzeraineté des évêques d'Uzès ont pu être limités par quelque transaction, à l'abbaye de Valsauve et au prieuré de Saint-Théodorit-de-Verfeuil ; quoi qu'il en soit, le premier hommage rendu au roi par Rostang de Pujaut porte la date du 4 de mars 1210.

ROSTANG DE PUJAUT (PUCHAUT). — JACQUES DE PUJAUT. —

ALBARON DE PUJAUT. 1210-1344.

Un mémoire de la juridiction seigneuriale de Verfeuil rapporte :

« Hommage rendu au Roy le 1ᵉʳ de mars 1210, par
Rostang de Pujaut (Puchaut), pour le lieu de Verfeuil
et tout son mandement, avec moïenne et basse justice,
la haute appartenant au Roy. »

« Hommage du cinquième des nones de mars 1239,
par Rostang de Pujaut de Verfeuil, de la seigneurie de
Verfeuil et de ses dépendances, excepté la mort et la
mutilation des membres qui sont réservées au Roy. »

Les archives ducales d'Uzès, caisse 26, liasse de Verfeuil, et un extrait des archives de la sénéchaussée de
Nîmes, en général, armoire à liasses des hommages
n° 16, nous rapportent une reconnaissance au roi par
Rostang, seigneur de Pujaut et de Verfeuil de l'an 1271,
que nous citons textuellement en latin avec sa traduction en français.

| | |
|---|---|
| Anno domini ducentesimo septuagesimo primo, octavo Kalendas aprilis, etc. | L'an 1271 de Notre-Seigneur et le 8 des calendes d'avril (25 mars). |
| Apud Rupem - Mauram in castro et testes Dominus Guilhelmus de Portu, major judex, dominus Pontius Meconi miles, | A Roquemaure dans le château et en présence de sgr Guillaume du Port, sgr Pons de Méconi, chevalier, sgr Gaucelin |

dominus Gaucelmus de Barjacho, miles, dominus castri de Podio-Alto, etc.

Ego Rostagnus Dominus de Podio-Alto et de Viridifolio recognosco.... me tenere a Domino Rege castrum de Viridifolio et mandamentum et jurisdictiones omnes et tenementa dicti castri quæ ego ibidem habeo vel alius loco mei tenet a Domino Rege præter mortem et abcissionem membrorum... Item recognosco me tenere a Dño Rege castrum de Podio-Alto et jurisdictionem, excepta morte et abscissione membrorum... Et propter affare de Podio-Alto facio unum equum armatum cum meis pariariis et cum meis feudateriis ad domum et amemdam Domini Regis quando Dominus Rex præcipit nobis. Item, quiquid habeo apud Tavel vel in ejus tenemento... Et propter hoc quod specialiter habeo apud Tavel facio albergam duobus militibus domino Regi. Item, quiquid habeo apud Rochefort. Item, recognosco quod Dominus Rex habet cavalcatam in hominibus de Podio-Alto et in hominibus Castri de Viridifolio quando communiter mandatur per terram Dñi Regis et hoc ad expensus dictorum hominum. Item, affare sancti Andreæ de Oleranicis et de Mercurio. Item, quiquid habeo in tenemento Bastide de Ornols et Molendino Bez, et quiquid habeo in manso de Grissalco, protestans quod non sit in preju licium recognitio quam fecit uxor quondam Rostagni de facto de Viridifolio.

de Barjac, chevalier, le seigneur du château de Pujaut, etc.

Moi Rostang, seigneur de Pujaut et de Verfeuil, reconnais tenir du Roi notre sire le château de Verfeuil et son mandement et toutes les juridictions et tènements dudit château que j'ai là, ou qu'un autre y tient du Roi pour moi, excepté le droit de mort et l'abscission des membres. Item, je reconnais tenir du Roi le château de Pujaut et sa juridiction, excepté le droit de mort et d'amputation des membres et pour la ferme de Pujaut, je fais un cavalier armé, avec mes pairs et mes vassaux au service de la maison du Roi, quand le Roi nous le commande. Item, tout ce que je possède à Tavel ou dans son tènement, et pour ce que j'ai spécialement à Tavel, je fais au Roi une albergue de deux chevaliers. Item, tout ce que j'ai à Rochefort. Item, je reconnais que le Roi a droit de cavalcade sur les hommes du château de Pujaut et sur les hommes du château de Verfeuil, quand elle est ordinairement commandée dans la terre du Roi, et cela aux frais desdits hommes. Item, la ferme d'Olérargues et de Mercueil. Item, tout ce que je possède dans le tènement de la Bastide d'Orniols, au moulin Bez, et ce que j'ai au mas de Greissac, protestant qu'il ne doit résulter aucun préjudice de la reconnaissance faite par la veuve de Rostang, relativement à Verfeuil.

La notice historique de l'abbaye royale de Valsauve, à propos d'un partage du devois de Rouvayrole entre la prieure de Valsauve et le damoiseau Guy de Saint-Laurent, passé par M° Arnaud de Valence, notaire, en 1287, relate en tête des noms des témoins de cet acte, celui de Jacques de Pujaut, jurisconsulte, un membre probablement de la famille seigneuriale de Verfeuil, et peut-être le seigneur lui-même.

Le même témoin figure encore dans un acte des reconnaissances féodales obtenues de ses feudataires par la prieure de Valsauve, Firmine, acte passé dans le presbytère de Verfeuil par le notaire Bernard Bégon, en 1288. *Acta sunt hœc in claustro de Viridifilio, in presentia et testimonio Dni Jacobi de Podio Alto jurisperiti, etc.....*

La même notice de Valsauve rapporte, page 145, un acte par lequel la prieure Marguerite de la Baume reprend, par droit de prélation, une forêt à la Rouvayrole qui était de la directe du monastère de Valsauve. Cet acte de cession fut passé par Albaron de Pujaut, seigneur de Verfeuil, élu procureur du couvent. Le contrat fut dressé à Uzès, dans la maison de Firmin Lautier, drapier et cessionnaire, par le notaire Guillaume Brissy, le dernier jour de novembre 1342.

On s'expliquera facilement le rôle de procureur du couvent, attribué, dans cet acte, à Albaron de Pujaut, seigneur de Verfeuil, quand on saura que cette noble famille comptait un de ses membres parmi les religieuses du monastère de Valsauve. C'est ce que révèle un acte passé en 1354, par lequel la prieure Marguerite de la Baume acquit une terre située dans la paroisse de Saint-Julien-de-Pistrin (aujourd'hui annexe de Colombiers, commune de Sabran). Les revenus de cette terre furent destinés à l'entretien du vestiaire des religieuses. Morin, notaire à Bagnols, reçut le contrat. Furent présentes à cet acte, avec Marguerite de la Baume, leur

prieure, sept autres religieuses du même couvent, savoir :
Ricarde Pereyrie, sous-prieure, Morose de la Garn,
Alix d'Audigier, Jacqueline Bedos, *Marguerite de
Pujaut*, Laure de Montaren et Gaufride Blanchard.

COSEIGNEURS DE VERFEUIL : GUILLAUME DE GARDIES, 1272 ;
ELZÉAR DE SABRAN, 1280. — MONASTÈRE DE VALSAUVE :
1288, GUILLAUME DE CARSAN QUI, PAR ACHAT, DEVIENDRA
SEIGNEUR DE VERFEUIL, 1328.

Les Rostang de Pujaut possèdent la seigneurie de
Verfeuil jusqu'en 1342 ; toutefois, à côté d'eux, les annales locales nous signalent la présence de quelques
coseigneurs. Nous les citons par rang de dates d'après
les documents originaux.

En 1272, Guillaume de Gardies, seigneur de Fontarèche, reconnaît, le 2 des nones de février, tenir de
l'évêque d'Uzès, diverses possessions dans la terre de
Verfeuil, et spécialement ce qui dépend du mas de
Montèze et de Toupian.

Dans la transaction passée en 1280, entre l'évêque
d'Uzès et Elzéar de Sabran, au sujet de leur juridiction
sur divers pays, il est question du château de Verfeuil
et spécialement de Montèze : *in castro de Viridifolio
et ejus pertinentiis seu tenementis et specialiter in manso
de Montesiis et ejus pertinentiis seu tenementis* (Arch. de
Saint-André FF S).

En 1288, huit individus de Verfeuil reconnaissent
tenir et posséder sous le domaine et lausine du monastère de Valsauve, la moitié par indivis du Mas de Montèze
dans la juridiction de Verfeuil, avec toutes les propriétés

cultes et incultes que chacun d'eux possède en ce lieu,
et qui confrontent, d'un côté, le ruisseau de Cuègne,
d'autre, un autre mas appelé d'Albert Montèze, d'autre,
l'amphithéâtre du Sablas, et d'autre, les patis de Verfeuil. Ces tenanciers s'appelaient Raymond Annani,
Bertrand Albert, Pierre de Causenille, Raymond Albert
et Etienne, Pierre Albert, Guillaume Marsan et Etienne
Capdinas (1)...

En 1328, Guillaume de Carsan, chevalier et coseigneur
de Verfeuil, passe la reconnaissance dont le texte suit,
avec son commentaire abrégé en français :

Recognitio dñi Guilhelmi de Carsano, militis. Anno Domini millesimo trecentesimo vicesimo octavo et die vicesima tertia mensis aprilis, Domino Philippo, etc.... Dominus Guilhelmus de Carsano miles recognovit ea quæ tenet à Domino Rege, nobili et potenti viro Domino Huguone Guiereti militi senescalde Bellicadri et Nemausi recipiente nomini Domini nostri Regis ut sequitur.

Primo, villam de Lhiraco cum jurisdictione alta et bassa et cum omnibus suis pertinentiis et redditibus. — Item, villam de Pinu cum jurisdictione alta et bassa et redditibus et pertinentiis quæ ha-

Cet acte de reconnaissance du 23 avril 1328, faite au Roi en la présence de noble et puissant Hugues Guiereti, chevalier, de la sénéchaussée de Beaucaire et de Nimes, par Guillaume de Carsan, nous le désigne comme seigneur de Lirac, du Pin, de Cabanes, coseigneur de Verfeuil. Dans ce dénombrement il est formellement déclaré que ce coseigneur possède la moitié du village de Verfeuil, avec le mas de Montèze et ses dépendances, et la juridiction qui lui appartient sur lesdits lieux, et les autres reconnus tels que Greissac, Cabanes, Moulin Bez, etc.

(1) «...Recognoscunt tenere et possidere sub Dominio et laudino dicti Monasterii (vallis salvæ) medietatem pro indiviso mansi de Montesiis infra jurisdictionem dicti Castri (de Viridifolio), cum omnibus possessionibus cultis et incultis quas quilibet nostrum habemus ibidem .. quæ confrontant abuna parte cum ripia de cumbà (cuègne), ab alia cum manso alio qui vocatur Albert Montezis, ab alia cum Podio sablas, ab alia cum patuo dicti Castri (Archives de Valsauve, chanoine de Laville).

bet ibidem dictus miles. — Item, mansum de Cabanis cum omnibus suis pertinentiis et cum jurisdictione alta et bassa et redditibus quæ percipit in dicto manso miles prædictus. — Item, medietatem villæ de Viridifolio et cum manso de Montesiis cum pertenentiis ejusdem et mansum de Greissaco cum omnibus suis pertinentiis et molendinum vocatum molendinum Bez, cum omnibus suis pertinentiis et cum jurisdictione quæ habet in dictis locis cum Banno et Cœteris redditibus miles prædictus, etc., etc., quam recognitionem dictus senescallus acceptavit nomini Regis in quantum sufficientem esse factam, alias non de jure Regis protestatur. (Actum Nemausi præsentibus testibus Huguone Guilhelmo Limesui, Stephano Ganterii, notario et me Petro de Montelii).

Dans la serre de la campagne de M. Deleuze d'Arpaillargues, on voit, placée en face de la porte, une grande pierre sculptée portant les armoiries de la famille Montèze, aujourd'hui éteinte, et jadis propriétaire, à Arpaillargues, d'une maison sur l'entrée de laquelle se trouvaient des armoiries. Il peut se faire que cette famille eût possédé jadis quelques droits seigneuriaux sur Montèze. C'est à ce titre que nous donnons ci-après la description de ces armoiries sur lesquelles les parties et les pièces sont très bien indiquées; mais l'indication des émaux et des métaux manque complètement. D'après le millésime gravé sur cette pierre, ces armoiries furent sculptées en 1618.

### ARMOIRIES DE MONTÈZE

« Parti à dextre trois têtes de chiens muselés, tournées à dextre
et posées 2 et 1 ; et à senestre, au milieu du champ, un chevron
ayant en chef trois croix et une molette en pointe. »

D'après les armoiries des Barjeton-Durfort, d'Uzès,
qui prenaient dans leur blason une partie des armes de
Montèze, la partie senestre des armes de Montèze doit
être d'azur, au chevron d'or avec une molette en pointe,
et en chef de gueules posées en face.

### GUILLAUME DE CARSAN

RIXENDE, VEUVE DE GUILLAUME DE CARSAN, TUTRICE
DE JACQUES DE CARSAN, SON FILS. — HUGUES DE
CARSAN, TUTEUR DE JACQUES DE CARSAN, SON NEVEU.
— BELLONE DE CARSAN, FILLE HÉRITIÈRE DE GUIL-
LAUME DE CARSAN, SEIGNEUR DE VERFEUIL, 1344-1359.

Guillaume de Carsan, coseigneur de Verfeuil, ayant
acquis par achat, de Rostang de Pujaut, la juridiction
du château de Verfeuil, en devint le seigneur. Il mourut
vers l'an 1342 (1), et laissa la succession de la seigneurie de Verfeuil à son fils Jacques de Carsan, damoiseau,
pupille, sous la tutelle de sa veuve Rixende de Carsan ;
c'est ce que nous révèlent l'hommage et la reconnaissance rendus au Roi par Rixende, dame de Saint-Paulet,

(1) Dans un acte de 1342, Rixende est dite : récemment veuve
(Archives ducales d'Uzès).

au nom de son fils mineur, le dixième jour du mois de septembre 1344, et dont le texte latin suit avec sa traduction.

Anno ab Incarnatione Dñi, millesimo trecentesimo quadragesimo quarto et die desima mensis septembris Dño Philippo Dei gratia rege francorum regnante, noverint universi quod hac die presenti comparuit apud Ucetiam in curia regia coram discreto viro Firmino Lamberti locum tenente Mathei de Rocomonte, domicelli, vicarii regii Ucetiæ magister Aymo Martini acto actorio nomine nobis domino Rixendis relicte condam Dñi Guilhelmi de Carsano militis domini Sancti-Pauli, tutoris Jacobi de Carsano domicelli in pupillari ætate existentis, filii et heredis universalis dicti domini Guilhelmi condam prout de ipsius actorie et potestate constat per quoddam publicum instrumentum scriptum et signatum ut in eo legitur manu et signo magistri Vitalis Toffani, notarii regi sumptum quod incipit in secunda linea, *tutricis* et finit in eadem *infra;* dictus que actor habens in dicto instrumento inter alia potestatem denuntiandi, declarandi et recognoscendi omnia universa et singula bona mobilia et immobilia, corporalia et incorporalia quæ dicta tutrix nomine dicti pupilli tenet in feudum seu retrofeudum, vel sub sacramento fidelitatis vel aliter quocumque modo à dicto dño nostro rege infra vicariam regiam Ucetiæ. Dixit oratorio nomine quo supra, denunciavit, declaravit bona fide et sine dolo cum hoc pu-

L'an de l'Incarnation du Seigneur mil trois cent quarante-quatre et le dixième jour du mois de septembre, Philippe par la grâce de Dieu, roi des Français, régnant, sachent tous que cejourd'hui est comparu à Uzès dans la cour royale en présence de discrète personne Firmin de Lambert, lieutenant de Mathieu de Rocomonte, damoiseau, viguier royal d'Uzès, maître Aymé de Martin comme procureur de noble dame Rixende, veuve de feu sire Guillaume de Carsan, chevalier, seigneur de Saint-Paulet, tutrice de Jacques de Carsan, damoiseau, étant dans l'âge de pupillarité, fils et héritier universel dudit seigneur, Guillaume, comme il conste de sa procuration par certain instrument public reçu, écrit et signé de la main de maître Vitalis Toffani, notaire royal, qui commence dans la seconde ligne par le mot *tutricis*, et finit la même ligne par le mot *infra,* ledit procureur ayant dans ledit acte entre autres pouvoirs celui de dénoncer, déclarer et reconnaître tous les biens meubles et immeubles, corporels et incorporels de ladite tutrice, au nom dudit pupille tient en fief ou en arrière-fief ou sous le serment de fidélité, ou de quelque autre manière dudit sire notre roi, dans la viguerie royale d'Uzès, a dit au nom que dessus, a dénoncé et déclaré de bonne foi et sans dol et a reconnu par cet

blico instrumento recognovit... ab ipso rege ad feudum francum et honoratum et sub ejus directo dominio, laudino, prelatione et sub sacramento fidelitatis dictam tutricem nomine dicti pupilli habere, tenere et possidere bona, res et jura infra scripta. — Et primo omnimodam jurisdictionem excepta alta quæ pertinet et pertinere consuevit dicto dño regi, quam habet dictus pupillus et habere consuevit dictus dñus Guilhelmus de Carsano patris sui quondam et quam titulo emptionis acquisivit à Rostagno de Podio Alto domicello, in mansis de Cabanis, de Grissaco et de Monteziis et omnibus pertinentiis et districtibus eorumdem locorum et etiam omnia domania usatica servilia, obedimenta, pasturagia, venationes, piscationes, intragia, quartones et alias certas partes quas percipi et percipere consuevit in dictis mansis, pertinentiis et districtibus eorumdem prout dictæ jurisdictiones et territoria dictorum mansorum protenduntur, et confrontantur cum territorio et jurisdictione sancti Andreæ de Olezranicis et cum territoriis et jurisdictione Castri de Ruppe et cum jurisdictione Castri de Cornilione, etc., de Godarnicis et de Viridifolio. — Item, dictus auctor recognovit dictum pupillum in feudum tenere à dicto dño rege molendinum dictum Bez cum omnimoda jurisdictioue et cum toto affari sibi contiguo et suis pertinentiis universis cum bannis et piscariis ad dictum molendinum pertinentibus situm in riparia Ciceris..., quod territorium et jurisdictio dicti molendini vo-

instrument public... que ladite tutrice, au nom dudit pupille tient du roi à fief franc et honoraire et sous son domaine direct, lods. prélation et sous le serment de fidélité, les biens, choses et droits sous-désignés. — Et premièrement, toute la juridiction, excepté la haute qui appartient au roi, que ledit pupille a et que le seigneur Guillaume de Carsan, son père, avait coutume de posséder et qu'il a acquise à titre d'achat, de Rostang de Pujaut, damoiseau, sur les métairies de Cabanes, de Gressac et de Montèze et sur toutes appartenances et districts des mêmes lieux et aussi tous les domaines, usages, servitudes, obéissances, pâturages, chasses, pêches, entrées, quartons et autres certaines parties qu'il prend et a coutume de prendre, dans lesdits mas, appartenances et districts de ces lieux, selon que les juridictions et terroirs desdits mas s'étendent et confrontent avec le terroir et juridiction de Saint - André - d'Oleyrargues, avec le terroir et juridiction du château de la Roque, avec la juridiction du château de Cornillon, de Goudargues et de Verfeuil. — *Item*, ledit pupille tenait à fief du roi, notre sire, le moulin Bès avec toute sa juridiction, avec toute la ferme contiguë, toutes ses dépendances, avec les biens et pêches dudit moulin, situé sur la rivière de la Cèze, confrontant la juridiction et le territoire du château de Cornillon, d'autre part avec le territoire de Goudargues, d'autre part avec le territoire du mas de Greissac et de Cabanes. — *Item*, a reconnu de

cati Bes et dicti affari sibi contiguï protenditur et confrontatur cum territorio et jurisdictione Castri Cornilionis, ex alia cum territorio Gordanicorum, ex alia cum territorio mansorum de Grissaco et Cabanis. — Item, recognovit eodem modo et tenere et tres partes totius jurisdictionis Castri de Viridifolio excepta alta jurisdictione quæ in solidum pertinet dicto Dño nostro Regi, ejusque totius territorii et districtus ejusdem et tres bannarie et omnia et servilia usatica, abedimenta, pasturagia, venationes, intragia.... quartones et omnia alia jura et alias partes quæ et quas dictus pupillus habet et percipit prout protenditur et confrontatur cum territorio et jurisdictione Castri de Lussano ex parte una et ex alia cum territorio Gordanicorum et ex alia cum territorio et jurisdictione regia Vallis Salve, et ex alia cum jurisdictione Mansi de Monteziis nec non et fortalicium dicti Castri de Veridifilio prout confrontatur cum hospitio Alberti Ponceti, et ex aliis cum viis publicis dicti loci, nec non et quamdam plateam dicto fortalicio contiguam longitudinis et altitudinis plateæ dicti fortalicii quæ tradi debet dicto pupillo per Heredes Albaron de Podio-Alto quondam filii dicti Rostagni de Podio-Alto quæ platea etiam laudata fuit per gentes regias dicto dño Guilbelmo quondam una cum jurisdictione dicti Castri excepta quæ pertinet dño nostro Regi et suis, et fortalicium cum platea in solidum pertinet dicto pupillo, nec non et quandam Albergam unius militis quam

la même manière... tenir trois parts de la juridiction du château de Verfeuil, excepté la haute juridiction qui appartient, en seul, au Roi notre sire, et de tout son terroir et district, et trois parties de la bannerie et tous les services, usages, obéissances, pâturages, chasses, entrées... Quartons et tous autres droits et les autres parties que ledit pupille a et perçoit dans le château de Verfeuil et tout son territoire, selon qu'il s'étend et confronte avec les territoires et juridiction du château de Lussan, d'un côté, et d'un autre côté avec le territoire de Goudargues ; d'un autre côté avec le territoire et juridiction royale de Valsauve, et d'un autre côté avec la juridiction du mas de Montèze et le fort de Verfeuil, confronté par la maison de Pierre Rostang, d'un côté, et d'un autre côté par la maison d'Albert Poncet ; des autres côtés par les rues publiques du village,.. et de plus une place contiguë audit fort de la longueur et largeur de la place dudit fort qui doit être livrée audit pupille par les héritiers d'Albaron de Pujaut, fils dudit Rostang de Pujaut ; laquelle place a été livrée par les gens du Roi audit feu sr Guilhaume avec la juridiction dudit château, excepté celle qui appatient au Roi et à ses successeurs, et avec la place appartenant en seul audit pupille ; et certaines albergues d'un soldat que possède ledit pupille et que ses prédécesseurs eurent coutume d'avoir et de percevoir avec certains hommes du mas de la Bastide-d'Orniols et de Brouzet pour

habet dictus pupillus, et sui predecessores habere et percipere consueverunt cum quibusdam hominibus mansorum de Bastida d'Ornols et de Brozeto pro quibusdam terris quas de ipso pupillo tenent sub dicta Albergia, sista infra jurisdictionem et territorium de Gordanicis. — Item recognovit... sub directo regis, domanio consilio ac jure prelationis et laudino quamdam parrancam quam dictus pupillus habet ad manum suam et possidet sitam prope Castrum et fortilicium de Viridifolio, confrontantem ex una parte cum Camino publico, ex alia cum terra Petri Lombardi et ex alia cum terra Petri Rostagni. Item, declaravit..... ab ipso Rege, dictum pupillum tenere in feudum et habere ex dono sive assizia dicto dño Guilhelmo de Corsano quondam patri dicti pupilli factis per predecessores dicti dñi Regis, et confirmatis per dictum dominum nostrum regem regnantem jurisdictionem altam et bassam cum mero et mixto imperio quod et quam habet, et sui predecessores habuerunt in loco de Pinu et manso de Capreriis et eorum pertinentiis territoriis et districtibus universis... necnon, et omnia jura quæ et quas dominus rex et sui predecessores in dictis locis de Pinu et manso de Capreriis habere et percipere consueverunt.... dicta vera jurisdictio et terretorium villæ de Pinu et confrontatur ex parte una cum territorio et jurisdictione Castri de Masmolena, ex alia Castri de Pugnadurissia ex alia... villæ de Cavilhauicis, ax alia... villæ de Sancto

certaines terres qu'ils tiennent dudit pupille, sous ladite albergue, terres situées dans la juridiction et le territoire de Goudargues. De plus, a reconnu, sous le domaine direct du Roi, conseil et droit de prélation et de lods, certaine paran que ledit pupille a à sa maison et possède près du château et fort de Verfeuil, confrontant d'une part avec le chemin public, de l'autre avec une terre de Pierre Lombard, et de l'autre avec une terre de Pierre Rostang, plus a déclaré que ledit pupille tient du Roi, en fief et par un don ou assise, fait audit Guilhaume de Carsan, son père, par les successeurs dudit seigneur Roi, et confirmé par lui-même, la juridiction haute et basse, mère et mixte empire, que ledit pupille a, et que ses prédécesseurs ont eus dans le lieu du Pin et au mas de Cabrières, et toutes leurs appartenances, territoires et districts..., et tous les droits quelconques que le seigneur Roi et ses prédécesseurs eurent et perçurent auxdits lieux du Pin et du mas de Cabrières... La juridiction du Pin confrontant son étendue, d'une part, avec les territoires et juridiction du château de Masmolène; d'autre part avec ceux du château de Pougnadoresse, d'autre part avec ceux du village de Cavillargues ; d'autre part avec le village de Saint-Pons, et enfin avec ceux de Gaujac. — Le territoire et juridiction du mas de Cabrières confrontant d'un côté le territoire et juridiction de Saint-Quentin ; de l'autre ceux du château de la Bastide ; de l'autre ceux de Saint-Laurent-

Pontio et ex alia... Castri de Gaudiaco. Dictum vero territorium et jurisdictio dicti mansi de Caperiis protenditur et confrontatur ex parte una cum territorio et jurisdictione Sancti Quentini ex alia... Castri de Bastida ex alia... Sancti Laurentii de Verneda et ex alia de Fonteherecto... dñus Jacobus de Carsano tenet à dicto dño rege et sui predecessores tenere consueverunt sub feudo et dño sacramento fidelitatis et homagio dñi nostri regis et successorum suorum, salvis et retentis in dictis locis de Pinu et manso de Caperiis cavalcata, superioritate et ressorto dño nostro secundum usum et consuetudinem patriæ presentis... Acta fuerunt hæ Ucetiæ incuria regia, testibus presentibus... Et magistro Guilhelmo Brici, notario regio publico, qui de predictis requisitus notam recepit.

de-la-Vernède ; de l'autre ceux de Fontarèche ; — ledit Jacques de Carsan tient du Roi notre sire, et ses prédécesseurs ont tenu sous fief, domaine, serment de fidélité et hommage de notre Roi et de ses successeurs, sauf et réservé auxdits lieux du Pin et mas de Cabrières, la cavalcade, supériorité et ressort audit sire Roi, suivant l'usage et coutume du présent pays. — Fait à Uzès dans la cour royale, témoins présents et Mᵉ Guilhaume Brici, notaire royal public, qui a reçu les notes sur la demande des parties. — Cet acte contenu dans les archives ducales d'Uzès, caisse 26, Layette de Verfeuil, fut authentiquement extrait en 1642 par deux notaires signés à l'extrait, ainsi que le procureur du Roi qui communique l'original du livre des reconnances faites au Roi, de l'année 1330 jusqu'en 1345, folio 98 verso, et 99. (Ce livre, écrit sur parchemin, était conservé dans les archives de la sénéchaussée de Beaucaire et Nîmes, portant la lettre T.)

Le 14 décembre 1352, Hugues de Carsan, chevalier, paraît en qualité de tuteur de Jacques de Carsan, son neveu. Il n'est plus question de Rixende, veuve de Guillaume de Carsan, qui devait être morte à cette date (1).

Nous ne pouvons produire d'autres actes relatifs à la tutelle d'Hugues de Carsan, vis-à-vis de son neveu, dans l'intervalle de 1352 à 1359. Il est probable que ce jeune

(1) Archives ducales d'Uzès.

seigneur, Jacques de Carsan, mourut sans pouvoir tester, et sa succession passa légalement à sa sœur Bellone, fille unique, héritière de Guillaume de Carsan.

Un mémoire nous révèle, en effet, « un hommage du 11 novembre 1359, rendu par M^lle Bellone de Carsan, *fille héritière* de Guillaume de Carsan, de la terre de Verfeuil, avec la juridiction basse, la haute appartenant au roi, suivant ledit hommage. »

C'est donc à partir de l'année 1344 que nous constatons officiellement, d'après la reconnaissance faite à cette date, par Rixende, au nom de son fils, Jacques de Carsan, que cette famille possède la terre de Verfeuil jusqu'en 1359 ; nous disons jusqu'en 1359, car, à cette date, Bellone de Carsan de Verfeuil cesse d'être M^lle Bellone de Verfeuil pour devenir M^me d'Audigier, conférant à son mari le titre de seigneur de Verfeuil.

GUILLAUME D'AUDIGIER, ÉPOUX DE BELLONE DE CARSAN
DE VERFEUIL, 1359-1424.

Guillaume d'Audigier, devenu seigneur de Verfeuil, par son alliance avec Bellone de Carsan de Verfeuil, a dû céder le pas à sa femme pour l'hommage au Roi, de cette terre ; mais il a dû confirmer cet hommage comme gérant et administrateur, en le renouvelant de concert avec elle. C'est ce qu'un mémoire exprime formellement : « hommage du 11 novembre 1359, par Guillaume d'Audigier et par mademoiselle Bellone de Carsan, sa femme, pour la terre de Verfeuil, avec juridiction basse, la haute appartenant au Roy ».

Déjà, dès l'année 1319, les d'Audigier s'étaient révélés dans Verfeuil ; peut-être y possédaient-ils quelques biens avant d'en devenir les seigneurs ; toujours est-il que ce nom figure avec honneur dans les annales du monastère de Valsauve, situé dans la paroisse de Verfeuil.

Nous lisons dans la notice historique de l'abbaye de Notre-Dame de Valsauve, pages 57 et 58 : « La prieure Marie-Firmine, partagea avec la prieure Françoise les soucis, les fatigues et la gloire de la construction du couvent de Valsauve. Sous son priorat, le damoiseau Ademar d'Audigier fit construire la partie du cloître attenante à l'église et compléta probablement par ce travail l'œuvre du renouvellement matériel du monastère. Ce seigneur était du Bourg-Saint-Andéol, diocèse de Viviers.

« Une grande fortune, jointe à des sentiments pieux, permettent à cette famille de se montrer généreuse envers les couvents.

« Il peut se faire qu'à cette première cause, se soit ajouté un autre motif. Les actes du couvent nous apprennent que parmi les religieuses de la communauté vers cette époque, se trouvait Alix d'Audigier. C'était, sans doute, une fille de cette famille. Sa profession religieuse à Valsauve explique tout naturellement l'acte d'Ademar, sans rien enlever au mérite de sa bonne œuvre. Le damoiseau accomplissait ainsi un acte de charité envers le couvent, tout en travaillant pour un membre vénéré et chéri de sa famille. Ces constructions furent faites en l'année 1319. »

Nous avons cité à l'article des Pujaut de Verfeuil, l'acte d'acquisition d'une terre à Saint-Julien-de-Pistrin, annexe de Colombiers, commune de Sabran, dans lequel figure, comme témoin, Alix d'Audigier. Mais poursuivons la citation des documents de Valsauve.

« Deux bienfaiteurs s'étaient surtout distingués par la largesse de leurs dons (en faveur de Valsauve) : Bertrand, évèque d'Uzès, dans la construction de l'église, et Ademar d'Audigier dans celle du cloître. Firmine ne voulut pas que le souvenir de leurs bienfaits restât ignoré de la postérité et pût s'oublier un jour. Elle fit placer, sur la façade de l'église, une inscription commémorative de la construction de cet édifice et du cloître contigu.

« C'est au mois d'octobre de l'année 1331, que Marie-Firmine fit poser cette inscription. Elle est écrite en latin, avec des caractères gothiques ; nous en donnons ici la traduction française, publiée par M. le chanoine de Laville :

« Au nom du Seigneur, ainsi soit-il. Sachent tous et chacun qui verront la présente inscription que religieuse et noble dame Marie-Firmine, prieure de ce monastère, la fit graver le cinquième jour du mois d'octobre 1831, afin que mémoire soit gardée pour l'âme de révérendissime seigneur et père en Christ, Bertrand, évèque d'Uzès, d'heureuse mémoire, qui, en l'année 1283, fit construire cette église en l'honneur et la vénération de la bienheureuse Vierge-Marie, que son âme soit en paix.

« Postérieurement, l'an 1319, Ademar d'Audigier, damoiseau du Bourg-Saint-Andéol au diocèse de Viviers, a fait bâtir cette partie du cloître à cause de son respect pour le Dieu tout-puissant et la glorieuse Vierge Marie (1). »

(1) *Texte latin de l'inscription sans les abréviations, ni les caractères gothiques du* XIV<sup>e</sup> *siècle.*
In nomine Domini, Amen. Notum sit omnibus et singulis hoc

Quarante ans plus tard, à partir de la date de cette inscription mémorable, les successeurs d'Ademar d'Audigier possèdent par l'alliance de Guillaume d'Audigier avec Bellone de Carsan de Verfeuil, la seigneurie de Verfeuil, comme nous l'avons constaté par leur hommage du 11 novembre 1359.

Sous l'administration de Guillaume d'Audigier et de Bellone, sa femme, fut passée en 1366, le huitième jour du mois de mars, une transaction entre les habitants de Verfeuil et de Goudargues, afin de fixer entre ces deux pays, les limites réciproques du droit de pâturage et de *lignerage*.

Deux commissaires figurent dans l'acte : Messires Guigon de Recors, prieur de Montfrin, et Pierre Mancipi, sacristain du prieuré de Goudargues.

Les procureurs de Verfeuil sont : Guillaume Mouton, Raymond Béringuyé et Guillaume Marsan; — les procureurs de Goudargues : Pierre de Martusan, Bertrand Mancipi et Jean de Gérus.

Des noms importants sont signalés dans cet acte, soit comme riverains, soit comme témoins.

Comme riverains : Messires Guillaume de Mercos, Raymond de Blisson, Pons de Lescure, Raymond et Pierre de Laville, Jacques de Sabonnadières, Alzaïce de

presens spectaculum inspecturis, quod religiosa domna Maria Firmina, hujus monasterii priorissa, fecit fieri hoc, anno Domini M°CCC°XXXI° et V° die mensis octobris, ut memoria haberetur pro anima reverendi in Christo Patris et Domini Bertrandi, bone memorie, Uticencis Episcopi, qui anno Domini MCCLXXXIII hanc ecclesiam, in reverentiam et honorem Beatissime Virginis Marie hedificare fecit, cujus anima in pace requies cat, amen.

Subsequenter, anno domini M°CCC°XIX, Ademarius Audigerii domicellus de Burgo sancti Andeoli, Vivariencis dyocesis, hanc partem istius claustri, ob reverentiam Dei omnipotentis et ejus gloriose Virginis Matris, fecit.

Sabonnadières, Bompard, évêque d'Uzès, seigneur de la Bastide-d'Orniols, Triburg de Confins et Bertrand de Goyran.

Comme témoins : Messires Pierre de Lafanna et Jean de Bordonne, de Goudargues, Guillaume Barraquier de Cornillon, Pierre Reynier, Clerc et Pierre Calendar de Verfeuil.

Cet acte fut passé par M. Guillaume Bonhomme, notaire d'Uzès.

(Voir le texte original à la fin de la brochure, note A.)

La famille d'Audigier possède jusqu'au commencement du XVᵉ siècle. — D'après une légende, confirmée par un vieux parchemin, le baron d'Audigier engendra dans un âge fort avancé, et comme par un miracle en réponse à la pieuse foi de Mᵐᵉ de Verfeuil, une fille qui fut l'unique rejeton de cette famille, et fut fiancée à Louis de Beaufort.

Les ruses tyranniques et passionnées de l'intendant et du médecin du château de Verfeuil, complotèrent ensemble pour faire avorter ce projet d'alliance, au moment où l'on se disposait à le réaliser. La baronne paya de sa vie, par le poison, les avis prudents de sa sollicitude maternelle en faveur de sa fille.

Le baron et Louis de Beaufort furent préservés, comme par miracle, d'un criminel complot. Une fidèle servante fut cruellement éprouvée pour son dévouement à sa jeune maîtresse ; la calomnie la fit bannir pendant un certain temps de la demeure seigneuriale.

Louis, prévenu à temps par une confidence de sa fiancée, se fit le sauveur de son innocence menacée, par un habile coup d'audace qui fut approuvé par le bon sens populaire, et lui permit, en arrachant Clarisse à la tutelle imprévoyante de son vieux père, de la placer sous la protection et sauvegarde de la marquise de Beaufort, sa mère.

La reconstruction de la chapelle-Dieu, appelée Saint-Sauveur, et établie sur une haute colline de la paroisse de Cornillon, près les limites du terroir de Laroque, se rapporte, selon la tradition et le vieux parchemin cité plus haut, au vœu de Louis de Beaufort et de sa fiancée pour le succès de la délivrance de Clarisse. Le petit rameau de buis que les pèlerins ont l'usage de déposer auprès de la croix établie sur un plateau, ou dans la chapelle, est le souvenir symbolique du rameau arboré par Louis de Beaufort, en signe de son triomphe.

Le baron de Verfeuil, désespéré de la fuite de sa fille, dont il ne pouvait comprendre ni le légitime motif, ni les salutaires conséquences, eut recours aux conseils intéressés et perfides de son intendant et de son médecin. Sur leur avis, il fut résolu qu'on tenterait tous les moyens pour reprendre et ramener Clarisse, fallût-il entreprendre une guerre de château à château, et qu'après la victoire, afin de prévenir une nouvelle évasion et faire expirer la première, la tour de Marcuel servirait de prison à Clarisse.

Tous les efforts du baron et toutes les ruses de ses deux perfides conseillers échouèrent devant la vigilance et le courage de Louis de Beaufort.

Le baron, déçu dans ses espérances et victime de ses illusions, tomba dans un état de prostration profonde qui finit par abréger ses jours.

Louis de Beaufort, devenu l'époux de Clarisse-Françoise-Gabrielle, prit possession de la terre de Verfeuil, après toutes les formalités voulues, et les devoirs de convenance remplis envers la mémoire du baron, son beau-père.

Les jeunes seigneurs récompensèrent les serviteurs fidèles, et firent justice des perfidies de l'intendant et du médecin ; la sentence leur signifiait l'exil perpétuel après qu'ils auraient subi la peine de l'emprisonnement dans cette même tour de Marcuel où leurs ruses voulaient emprisonner Clarisse. Le médecin se suicida par désespoir dans la tour, et l'intendant vint se noyer dans la rivière de Cèze.

La tour de Marcuel existe toujours, et la tradition locale affirme et répète qu'elle fut destinée, par la folie d'un baron de Verfeuil, à devenir la prison de sa fille.

On dit bien qu'un intendant du château l'avait fait bâtir dans ce but, avec l'autorisation et l'argent de son seigneur, et lui avait donné son propre nom, Marcuel, mais c'est là une erreur et une exagération. Par sa position, cette tour était destinée à garder, comme une sentinelle avancée, un défilé profond aboutissant au château de Verfeuil. Elle ne pouvait être la tour d'un château rival de ce nom, puisque sa porte s'ouvre en face même du château de Verfeuil, à la distance tout au plus de cinq cents mètres. Il est vrai qu'un antique manoir appelé de Mercurio existait jadis, sur les limites des terroirs de Verfeuil et de Lussan, à environ cinq kilomètres de Verfeuil, sur un point où se trouve un vaste vacant en herme encombré de pierres éparses qui paraissent être les ruines d'antiques bâtisses, et que cadastralement on nomme *Marcouiro...* Il peut se faire que notre tour de Marcuel ait reçu ce nom, et cela est plus que probable, à cause de sa destination à prévenir toute agression du côté du château de Marcuel, contre le château de Verfeuil.

## LOUIS DE BEAUFORT, 1424-1472

### (marquis de Canilhac)

Beaufort de Canilhac, portait : d'argent à la cotice d'azur, accompagnée de six roses de gueules, posées en orle, qui est de Beaufort ; écartelé d'azur au Caignon, ou levrier rampant d'argent colleté de gueules, à la bordure denticulée d'argent sur le champ, qui est de Canilhac ancien (Béiard en 1655).

Quoi qu'il en soit de l'authenticité de la légende qui précède, quant à l'alliance de Mlle d'Audigier avec Louis de Beaufort, il est positif que ce seigneur se trouve en possession de Verfeuil dès la première moitié du XVe siècle.

La notice de M. Bardon sur les comtes d'Alais, rapporte que Louis de Beaufort-Canilhac était devenu comte d'Alais, baron d'Anduze et de Bagnols, par testament de sa cousine Eléonore de Beaufort, femme d'Edouard de Beaujeu, morte sans postérité. Toutefois cet héritage lui fut disputé pendant longtemps par une parente, Isabeau de Poitiers, veuve de Geoffroy le Meingre dit de Boucicaut ; et ce n'est que le 10 août 1442 qu'il put en prendre possession.

Quant à Verfeuil, il se trouvait déjà sous l'administration de Louis de Beaufort de Canilhac, et nous avons recueilli, parmi les documents, un acte important passé sous ce règne, qui trace les lignes de délimitation des terroirs de Verfeuil et de Saint-André-d'Olérargues. Cet acte porte la date de 1441. (Voir la note B, fin de la brochure.)

Un autre acte relatif à l'administration de Louis de Beaufort, est le suivant :

« Le 10 mars 1444, Louis de Beaufort, marquis de Canilhac, comte d'Alais, seigneur de Verfeuil, passe un bail à cens et emphythéose perpétuelle à noble Colin de la Malinière, acte reçu par M. Simon Reinaud, notaire à Bagnols, du mas de Greissac et de Cabannes avec ses terres, bois et devois, confrontant, du levant la juridiction de Laroque, du couchant le ruisseau de Guilhon, de bize la rivière de Cèze, du marin le ruisseau de Merlançon. »

Louis de Beaufort meurt en 1471. Marc de Beaufort lui succède à cette date.

## MARC DE BEAUFORT, 1472-1479.

L'acte unique révélé de l'administration de Marc est le suivant : « Le 3 mai 1476, le seigneur passe inféodation ou bail à cens, à Guiraud Guilhaume et Pierre Mouton du mas du Tarraux et de ses appartenances, situé dans le terroir de Verfeuil, confrontant du levant la juridiction des lieux de Laroque et de Saint-André-d'Olérargues, du couchant le vallat appelé Pontillon, de bize la montagne ou serre vulgairement appelé Plambelle et du marin la juridiction de Saint-André. Acte reçu M. Guilhaume Mercier, notaire (1). » Marc de Beaufort meurt en 1479.

## CHARLES DE BEAUFORT, 1479-1509.

Charles de Beaufort se trouve en possession de Ver-

(1) Les vestiges du mas de Tarraux, ainsi que la fontaine, existent encore dans le bois du quartier, appelé Darboussas.

feuil en 1479. Toutefois son administration officielle ne nous est notifiée qu'en 1484, par le mémoire qui suit :

« Extrait d'un hommage et dénombrement fait par noble Bertrand de Bourdelz (1), gouverneur du comte d'Allès, procureur de très hault et puissant seigneur Charles de Beaufort, comte d'Allès, marquis de Canilhac, vicomte de la Mote, seigneur d'Anduze, Valfuesque, Saint-Jean-de-la Gardonnenque, de la baronnie de Bagnols, Verfeuil, Salazac, Cornillon et de Saint-Laurent-de-Carnols, au roy..., ou à son procureur, l'an mil-quatre-cent-huitante-quatre. »

Dix ans plus tard, le même Charles de Beaufort, seigneur de Verfeuil, passe un bail à cens, le 5 mars 1494, à M. Guilhaume Mercier, notaire, d'un mas ruiné avec terres *labourives* et hermes contigus audit mas appelé le mas de Court, et de dix salmées d'autres hermes vacans situés dans le terroir de Verfeuil, confrontant du levant les bois des hoirs de Guiraud Mouton, du couchant certaines terres des habitants de Verfeuil, de la bize des terres et les bois des hoirs de noble Guilhaume de la Malinière, et du midi le ruisseau qui sépare la juridiction de Verfeuil de celle de Saint-André-d'Olérargues ; acte reçu par M. Simon Blisson, notaire, la susdite année 1494.

Le dernier acte qui nous a été révélé de l'administration de Charles de Beaufort, porte la date du 24 mai 1509 ; le mémoire qui l'énonce en donne le sommaire suivant : « 25 mai 1509, lettres de maintenance du sénéchal de Beaucaire et de Nismes, en faveur de

(1) Bertrand de Bourdelz, Bordelles, et Bordel aujourd'hui, né à Bordelles en 1427, succéda en qualité de gouverneur du comté d'Alais, à Giron du Puy ; il avait été appelé à cette charge en 1472, par Marc de Beaufort.

noble Isabel de Monteil, fille héritière de noble Ga-
brielle Grègne, sa mère, héritière testamentaire de feu
M. Guilhaume Mercier, notaire, jadis mari de la mère
de noble Isabel, par lesquelles lettres notifiées aux
officiers de M. Charles de Beaufort de Canilhac, aux
habitants et à divers particuliers, les 20 mai et 1er juin
suivant, ladite noble Isabel de Monteil est maintenue en
la propriété du mas de Court qui avait été agrandi du
côté de Couchant, le tout *confrontant du levant* la
juridiction de *Laroque et avec les terres, bois de Gui-
raud-Mouton ou de ses héritiers*, du couchant avec le
ruisseau appelé Guilhon, de bize avec les terres et bois
des *hoirs de noble Colin de la Malinière, et du marin
avec le ruisseau de Merlançon* ou la juridiction de
Saint-André-d'Olérargues, ledit ruisseau étant entre
deux. »

Nota. — La métairie de Vigoutrés, jadis verrerie,
est à peu près au milieu et au centre de ces quatre
confronts.

## LES COSEIGNEURS DE LA BAUME 1439-1503.

Les armoiries des de La Baume portaient : de gueules à la
fasce d'or accompagnée de trois gantelets d'argent posés 2 et 1.

A côté des seigneurs Louis et Charles de Beaufort,
les annales de la baronnie de Verfeuil nous signalent
des coseigneurs du nom de La Baume.

Le nom de la famille de La Baume, — La Baulme
ou La Balme, en latin de *Balma*, — apparaît fréquem-
ment dans l'histoire de notre contrée. La notice histo-

rique de Valsauve, nous parle d'une prieure de Valsauve, Marguerite de La Baume qui resta à la tête du couvent de Valsauve près d'un demi-siècle. Elle gouvernait déjà le monastère en 1342, et des actes de l'année 1385 nous la montrent en vie et s'occupant toujours de la direction et des intérêts de la communauté.

C'est à Marguerite de La Baume, prieure de Valsauve que Jacques Adhagat, médecin, habitant de Verfeuil, donna tout ce qu'il possédait, ses biens meubles et immeubles, présents et avenir, et laissa ainsi le couvent héritier de sa fortune : pieuse fondation. Cette donation porte la date du 29 mai 1381 ; l'acte fut reçu par le notaire Guillaume Tolergio.

La même prieure Marguerite de La Baume reçoit au nom de l'église de Verfeuil, dépendante du couvent de Valsauve, l'acte de reconnaissance de Raymond Lombard, pour une terre sise à Verfeuil, et relevant de la directe de cette église. Cette reconnaissance porte la date du 24 février 1385.

La même notice de Valsauve rapporte, page 68, qu'en 1439, noble Bertrand de la Baume, *cosseigneur de Verfeuil*, fait reconnaissance au couvent de Valsauve ; — Qu'en 1503, noble Jacques de La Baume (La Balme), écuyer, seigneur de Sanilhac, de Verfeuil, etc., fait au roi hommage de ses possessions, parmi lesquelles se trouvent deux châteaux à Sanilhac, la moitié de la juridiction de Verfeuil, etc. (1).

---

(1) En 1503, noble Jacques de La Balme, escuyer du lieu de Sanilhac, fait au Roy le dénombrement qui suit : ... 1º tient audit lieu de Sanilhac, juridiction haulte et basse, indivise avec l'évêque d'Uzès, avec deux châteaux situés dans ledit lieu à fief et hommage dudit évêque d'Uzès, et sous l'albergue de six chevaliers.

Item..., la moitié de la juridiction de Verfeuil, moïenne et

## JACQUES Iᵉʳ DE BEAUFORT, 1509-1511

Jacques Iᵉʳ de Beaufort succède à Charles, à la date de 1501 sur le comté d'Alais ; néanmoins, pour Verfeuil, le nom de Charles figure dans les actes jusqu'en 1509. Quant à celui de Jacques Iᵉʳ, aucun acte officiel ne le relate. Il ne laissa pas d'enfant, et donna, sous la réserve de l'usufruit viager, le comté d'Alais à son neveu Jacques de Montboissier, fils de Jean de Montboissier et de Marguerite de Vienne (acte du 30 avril 1511), à condition que le donataire porterait le nom et les armes du donateur (1).

basse, laquelle il tient de Mgr le Comte d'Alais, à fief franc et honorable avec prestation de jurement de fidélité, avec la moitié de lausage, polvérage, entrées, auquel il prend lieu de cense annuelle six charges d'orge et espeute et 25 sols tournois en argent.

Item, tient un mas situé au terroir de Verfeuil, appelé le mas de Frigoulet (1), avec ses appartenances, et ce sans hommage et prestation de jurement à Mgr le comte d'Alais.

Item, une maison et une cour qui se tiennent dans le village. — Item, un jardin au lieu appelé de la Croix — Item, une ayre au lieu appelé Pousaran. — Item, un petit devès appelé La Rascassède près du mas de Frigoulet (2). — Item, dix saumées de terre labour. (Archives ducales d'Uzès, caisse 26, liasse de Verfeuil.)

(1) Notes de M. Bardon sur les comtes d'Alais.

(1) Aujourd'hui appelé le mas de Mouton, d'après les reconnaissances féodales du baron en 1656 et 1769, du nom du plus riche propriétaire de ce hameau, qui ne laissa pas d'héritier mâle.

(2) Ce petit devès est appelé devéson dans les reconnaissances féodales du baron de 1656 et de 1769. — Il appartient à la famille Roman, ainsi que la maison appelée mas de Frigoulet, d'après les confronts donnés dans les mêmes susdites reconnaissances.

## JACQUES DE BEAUFORT DE MONTBOISSIER, 1511-1535

Jacques II de Beaufort de Montboissier possède Verfeuil à partir de 1511 ; néanmoins, son administration ne nous est signalée qu'en 1528. Il s'agit d'une transaction passée entre messire Jacques de Beaufort, seigneur de Verfeuil, et noble Isabel de Monteil, femme de Jean Blisson, notaire, le 8 mai 1528, devant M. Pierre Ruphi, notaire, par laquelle ladite Monteil est confirmée en la propriété et possession du mas et devois de Court, tel qu'il est confronté dans les lettres de maintenance de 1509, et une certaine somme qui fut payée en blé.

Les mémoires du château font mention d'un acte de vente par Jean Mouton et Guillaume Canothe, apothicaire de Bagnols, le 28 septembre 1530, devant M. Pierre Ruphi, notaire, de la troisième partie d'un mas, bois, terres et hermes existant tout autour, situé dans le terrain de Verfeuil, lieu appelé mas de Tarraux, indivis entre ledit Jean Mouton, Thomas et Antoine Mouton, confrontant du levant avec les terres et juridiction de Loroque et de Saint-André-d'Olérargues, du couchant avec le *vallat* de Pontillon, de *bize* avec la terre de Plambelle, du marin avec le ruisseau de Merlançon, et quittance des lots du marquis de Beaufort de Canilhac, seigneur de Verfeuil, audit Canothe devant le même notaire.

Mais l'acte le plus important et le plus intéressant relatif à ce règne, est le dénombrement daté du 22 février 1531, dont nous citons textuellement un extrait quant à la seigneurie de Verfeuil.

« Pour Monsieur le comte de Canilhac, conseigneur
de Bagnols :

« Desnombrement fait et baillé à Messeigneurs les
commissaires et députés pour le Roy, le vingt-
deuxième février mil-cinq-cens-trente cinq, en la ville
de Bagnols où pend l'enseigne de Langel, par devant
Messeigneurs Pierre Robert, viguier de Nismes, et
Anthoine Bordin cappitan et Viguier de Sommières,
personnellement establis maistre Jean Pétu, docteur,
régent du seigneur comte, et maistre Pierre Ruphi, notaire, procureur dudit seigneur et ayant charge de luy,
etc., des domaines de hault, magnifique et puissant seigneur messire Jacques de Beaufort, chevalier, comte
d'Allez, marquis de Canilhac, vicomte de la Mote, baron
de Monboyher et Ambresson, conseigneur de la ville de
Bagnols, seigneur de Cornilhon, Verfuel, Salazac et
Saint-Laurent-de-Carnolz, de toutes les terres, seigneu-
ries, censes, revenus, émoluments et autres choses,
etc. »

*Item, la possession, juridiction et mandement de Ver-
fuel auquel ledit seigneur a toute juridiction haulte,
moïenne et basse mens et mixte empire.*

Vray est que a la moïenne et basse juridiction le S$^r$ de
la banlieue, prend la quatre part, laquelle part tient en
mens fief dudit seigneur comte.

Item, son chasteau, tour et forteresse dans ledit lieu
de Verfuel, et y a aussi plusieurs censes, revenus, part
de blé, tasques et autres propriétés.

Item, les patitz, herbages et bousquages dudit lieu,
desquels usage est des habitans.

Item, la quatre n'a part de ladite juridiction moïenne
et basse laquelle ledit sieur de la banlieue tient en mens

fief sur la cense annuelle de doutze deniers tournois dudit seigneur comte.

Signé : VALETE, n<sup>re</sup>.

Voilà qui confirme exactement ce que nous avons dit d'un coseigneur de Verfeuil, qui a la quatrième partie, soit un quart de la juridiction en fief du seigneur comte.

Nous ignorons jusqu'à quelle époque les coseigneurs de La Baume, qui étaient en possession de ce fief en 1439, en ont joui. Il est possible que ce soit à cette famille que fait allusion le dénombrement dont il vient d'être question.

Nous observons qu'un article de ce dénombrement donne le titre de propriétaire des bois de Verfeuil au seigneur Jacques de Beaufort, et déclare que les habitants de Verfeuil ne sont qu'usagers. Comment se fait-il que treize années plus tard, le fils de ce seigneur, Marc de Beaufort, transige avec la communauté de Verfeuil, dans un sens tout contraire, au mépris de cet article? Nous en sommes surpris ; l'oubli de cet article du dénombrement de Jacques Beaufort, nous paraît inexplicable aussi bien que l'interminable procès qui s'ensuivra plus tard, entre les successeurs de Marc de Beaufort et la communauté de Verfeuil.

Jacques II de Beaufort de Montboissier avait épousé Françoise de Chabannes de la Palisse, et il en eut un fils, Marc, et une fille, Anne.

C'est à son fils Marc que le comté d'Alais fut attribué, lors de son mariage avec Catherine de Laqueille (3 décembre 1535). Il mourut vers l'an 1545 ou 1546.

## MARC DE BEAUFORT, 1535-1575

Marc de Beaufort, donataire du comté d'Alais, de la baronnie de Bagnols, Verfeuil et autres places, depuis 1535, vint recevoir l'hommage de ses vassaux le 11 avril 1546, dans la ville d'Alais :

Le premier mémoire sur ce règne à Verfeuil, est la note qui suit :

« Or donc, le 15 mai 1548, Marc de Beaufort, comte d'Allez, marquis de Canilhac, baron de Bagnols, Verfeuil, etc... (fils et successeur de Jacques de Beaufort, passe une transaction avec les *consuls* sindicz et procureurz de la Communauté de Verfuel, devant M. Pierre Gourdet, notaire, par laquelle ledit seigneur *confirme et maintient* la Communauté, *Consulz, sindicz dudit lieu de Verfuel dans la jouissance* et possession des bois, *garrigues, glandages* et *herbages...* sous la conservation de ses devois auxquels ladite communauté ne pourra ni prétendre couper aucuns bois de quelle manière que ce soit, ni faire défricher, ni garder aucun bétail gros, ni menu. »

Cette note a été pour nos recherches un précieux jalon qui nous a fait découvrir le texte complet de cette transaction.

### TRANSACTION DE 1548
#### Dans son texte original

Accord et transaõn entre puissant seigneur Marc de Beaufort, comte d'Allez, marquis de Canilhac, baron de Bagnols, Cornillon, Verfuel et autres places ; et les

autres consuls, sindics et procureurs de la communauté
de Verfuel ; sçachant tous présens et avenir, que comme
il fut men procès et différant entre puissant seigneur
Marc de Beaufort, comte d'Allez, marquis de Canilhac,
baron de Bagnols, Cornillon, Verfuel et autres places,
d'une part, et les consuls, sindics et communauté dudit lieu de Verfuel, d'autre part, sur ce que ledit seigneur comte dizait les bois garrigues, glandages et
herbages dudit lieu de Verfuel luy appartenir comme
seigneur fontier dudit Verfuel, et comme tel auroist
faict appeller lesdits consuls, sindicts et communauté
dudit Verfuel comme uzurpateurs desdits bois pard.
la cour de Monsieur le sénéchal de Beaucaire et Nismes
et prétendait les faire condempner au délaissement des
dits bois, garrigues, glandages et herbages, avec grosse
amende et despens pour l'avoir uzurpé sur les seigneurs
ses deventiers, avec restitutions des sommes et deniers
despuis ladite uzurpation, qu'ils ont reçu des ventes
qu'ils ont faictes desdits bois, garrigues, glandages et
herbages quy est une grosse et notable somme ; au contraire par lesdits consuls sindicts et procureurs de la
Communauté estait dict et respondu qu'ils prétendaient
faire désister et desbouter ledit seigneur comte, seigneur
de Verfuel, de sa demande, avec despans, comme estant vrays maistres et possesseurs et non uzurpateurs
desdits bois, garrigues, glandages et herbages dudit
lieu de Verfuel, depuis un tems quel n'est mémoire
d'homme, en faisant ils une albergue au roy estant lesdits bons subjets aux frans-fiefs establis estans, sup-
plient ledit seigneur comte d'Allez, seigneur dudit Verfuel, daigner par enquête sommère des habitans des
lieux de leur voysinage, et plusieurs autres raisons estans dictes ou alléguées d'un costé et d'autre ; toustefois

désirant ledit seigneur comte et habitans et Communauté dudit Verfuel, réciproquement sortir hors procès sy le bon plaisir de la cour est tel et voulant se faire raison les ungs et les austres, ont esté ce jourd'hui 15e jour du mois de may 1548, prenant de l'incarnation de Notre-Seigneur Jésus-Christ, raignant nre souverain prince Henry par la grâce de Dieu roy de France, en présence de moy, notaire royal soussigné et témoings subsnommés establis, personnellement puissant seigneur Marc de Beaufort, comte d'Allez, marquis de Canilhac, baron de Bagnols, Cornillon, seigneur de Verfuel, assisté de Monsre Anthoine Trutilly, docteur ez-droicts, prevost et chanoine de l'église catecdralle, Nre Dame d'Avignon, et messire Jacques Sauvet, premier consul, Mre Guilhaume Beissac, baille, François Broche, Guilhaume Fornier, sindicts et procureurs de ladite communauté de Verfuel, diocèze d'Uzès, sénéchaussée de Beaucaire et Nismes, assisté de Monre Me Simon Romand, docteur ez-droicts et avocat de la présente ville de Bagnols, comme de leur procuraõn, ont faict approuver par moy receue cy incérée de mot à mot : l'an que dessus et le 14e jour du susdit moy avant midj, en la maõn commune du lieu de Verfuel, pardevant moy, notaire, se sont assemblés par convocaõn généralle, Me Jacques Sauvet, Me Vidal, Mouton, consuls, Me Guilhaume Beissac, baille dudit Verfuel, Guilhaume Fornier, Louis Nogaret, Charles Durant, Jean Rimbaud, Pierre Gibert, François Broche, Guilhaume Rimbaud, Jaumes Michel, Simon Sauvet, Jean Camproux, Guilhaume Michel, Robert Domergue, Guilhaume Bastide, Bernard Broche, Pierre Reboul, Guilhaume Prohin, Anthoine Daraucin, Anthoine Sauvet, Raymond Veyrun, Jean Méjan, Pierre Mouton,

Guilhaume Sollier, Anthoine Michel, Pierre Phéline, Firmin Rimbaud, Berthelemy Michel, François Souchon, Pierre Prohin, Pierre Souchon, Claude Broche, Pierre Fontanille, Simon Martel, Pierre Plancide, Laurent Phéline, Guilhaume Michel, Barthelemy Geoffrès, Michel Taradel, Firmin Broche, Bertrand Trinquier, Mathieu Bonnaure, Louis Rimbaud, Pierre Chapel. Simon Chabalier, Pierre Sauvet, Guilhaume Sabatier, Jean Michel, Paulé Michel, Raymond Broche, Jean Fornier. Arnoul Broche et Martin Mouton, tous habitans dudit Verfuel et son mandement, faisant et représentant la plus grande et saine partie de la Communauté, lesquels par la bouche desdits Jacques Sauvet et Vidal Mouton, consuls, ont dict que Monseigneur le comte d'Allez, leur seigneur, estant venu à Bagnols, par délibéraõn verballe entre lesdits habitans prinse, auraict esté trouvé bon d'aller voir leur dit seigneur, et pour ce faire ledit M⁰ Guilhaume Beissac, baille, et lesdits Sauvet et Mouton se seraient transportés en la ville de Bagnols et au chasteau dudit seigneur comte d'Allez duquel ils furent bien receus, et à leur despart, il leur fit dire par Monsieur Martin de la ville de Bagnols, s'ils voulaient terminer à l'admiable, le procès que ledit seigneur avait intenté contre la Communauté, pour raison de leurs bois, garrigues, glandages et herbages, requérant les susdits habitans icy assemblés en corps de communauté, de vouloir tout présentement deslibérer sur ce différant ; ce qui, entendu par les susnommés, tant en leur nom que de tous les autres habitans absens auxquels ils ont promis faire rattiffier la présente délibéraõn et procuraõn sy besoing en est : ont conclu, deslibéré et arresté que veu l'offre que ledit seigneur leur a faict faire de vouloir sortir à l'admiable

du procès qu'il avait intanté contre eulx pour dite raison de leurs bois, garrigues, glandages et herbages, ne
désirant nullement de playder contre leur dit seigneur
et estre cauze tous les susnommés tant en leur nom
que des autres habitans absens auxquels ils ont promis
faire agréer et ratifier le contenu de la présante procuraõn, et de leur subobserver à l'advenir on faict et
constitué leurs procureurs yrrévocables, sçavoir, est,
Me Jacques Sauvet, premier consul, Mc Guillaume
Baissac, baille ; François Broche et Guilhaume Fornier
ausquels ils ont donné procure et charge se transporter en la ville de Bagnols et au château dudit seigneur
comte d'Allez, leur seigneur, où estant, conviendront à
l'admiable, du procès que le susdit seigneur a intenté
contre la Communauté pour dite raison de leurs bois,
garrigues, glandages et herbages, prandront tel advocat qu'ils trouveront à propos pour terminer ledit
differant à l'admiable, poinct de droict et autrement,
comme bon leur semblera, et entr'eulx sera advizé,
confirmé, rattiffié, tenu et accordé tout ce que lesdits
Sauvet, Beissac, Broche et Fornier leurs procureurs
sera dict, faict, procuré, négossié et arresté, et dès lors
rellevés indempnes de ladite charge de procureurs, et
pour tout ci-dessus garder, tenir et observer et ny con-
trevenir, ont obligé, soumis et yppothequé tous et ung
chacung leurs biens propres et ceux de ladite communauté, et ains fut com-promis de faire, faict et arresté
audit Verfeuil, maison commune pardevant Me Simon
Blanchard, baille du lieu de Goudargues, et Mc Guillaume Odol, du lieu de Saint-André d'Olérargues, et
moy notaire, lesquels comme procureurs par le moyen
advis et consel de leur dit advocat, se sont accordés du
procès et différant entr'eulx intanté : en circonstances

et desfandances pour raison desdits bois, garrigues,
glandages et herbages desdits lieux de Verfuel, en la
forme et manière qui s'ensuit, après avoir faict enquête
sommère et personnelle de M⁰ Simon Blanchard, baille
du lieu de Goudargues, et M⁰ Jean de Bellegarde dudit
lieu, M⁰ Guilhaume Odol et M⁰ Blaise Roussel du lieu
de Saint-André d'Olérargues, le plus jeune excédant
l'âge de cinquante ans ; après avoir presté serment pardevant les susdits de Turtilly et Romand ont dict sçavoir et avoir veu de tout temps jouyr et posséder les
bois, garrigues, glandages et herbages de Verfuel aux
habitants et Communauté dudit lieu, sans aucung
trouble ny empêchement des seigneurs dudit Verfuel,
ny aucune personne, en ayant-ils jouy paisiblement
comme ils ont toujours veu, et ouy dire leurs pères et
autres habitans du lieu de Verfuel, maintenus et con-
servés par leurs seigneurs dans la jouissance et possession de leur dit bois, sans aucung trouble ny empêchement comme est fort notoire et maniffeste à tous les
voizins ; ce qui entendu par ledit seigneur comte d'Allez
seigneur dudit Verfuel, dézirant traiter ses sujets et
vassaux avec autant de douceur que les seigneurs ses
devantiers ont faict, a confirmé, maintenu comme par
la presante transaõn confirme et maintient ladite Communauté, consuls, sindicts dudit lieu de Verfuel dans
la jouissance et possession desdits bois, garrigues, glandages et herbages, comme et tout ainsi : qu'ils les ont
jouys et possédés par le passé, promctant de les garder et maintenir, dans la jouissance de *leurs privilèges*
et *facultés tout ainsi* que les *seigneurs* desdits Verfuel,
ses dicts *desventiers* ont faict, seule la reservation de
ses debvois ausquels ladite Communauté ne pourra
rien préthandre couper aucungs bois, de quelle ma-

nière que ce soit, ny deffricher, ny garder aucung bétail gros ny menu, ainsi consanti et accordé entre les partyes, que lesdits habitans et Communauté dudit Verfuel ne pourront vendre ny engager les fonds et terres desdits bois et garrigues, sans le veu, la permission et consentement dudit seigneur. Item, seront tenus lesdits consuls et Communauté dudit Verfuel, venans à vendre l'écorce dudit bois, ou ledit bois pour en faire du charbon, de faire ung présent honneste audit seigneur et à ses officiers, toutefois sans que cela porte aucung préjudice ny intérest ausdits hahitans et Communauté pour raison de leurs dits bois et garrigues, comme aussi sera permis audit seigneur et à ses rantiers lorsque les aglands seront meurs d'en pouvoir faire amasser, tous ainsin que les habitants peuvent faire et pourront faire. — Mettre pour engresser dans lesdits bois, des pourceaux jusqu'au nombre de vingt et non d'avantage. Item, sera permis audit seigneur ou à ses rantiers de faire despaître leur bétail gros et menu dans lesdits bois, garrigues, glandages et herbages, sans rien payer quoi qu'on cottise ou impose quelque somme sur les bétails desdits habitans, et venans ledit seigneur ou les siens à demeurer audit Verfuel, auront pouvoir de prandre et couper du bois pour leur uzage et utillité de *quelque maniere que ce soit*, toutesfois de moing domageable et moyennant ou préthandant néanmoins, lui seigneur, par cela procurer aucune pathente ny préjudice à ladite communauté.

Ainsi fut conclu, arrêté et signé. . . . . . . . .

## 1569, INVASION PROTESTANTE SUR LE TERROIR DE VERFEUIL

Un manuscrit de la baronnie rapporte la note suivante :

« En l'année 1569, les protestants, après avoir saccagé et livré aux flammes le prieuré et l'église de Saint-Théodorit dans la banlieue de Verfeuil, vinrent attaquer les remparts de la baronnie et former le blocus, afin d'obliger le baron à capituler. Après une résistance opiniâtre, Marc de Beaufort fut réduit à une extrême détresse. Les remparts résistaient sous l'action vaillante de leurs défenseurs, mais les vivres commençaient à ne pouvoir suffire à la population.

« Le duc d'Uzès prévenu du danger qui menaçait Verfeuil, put faire parvenir au baron cet avis : « Mon cousin, courage ; tenez bon encore deux ou trois jours, et j'arrive avec quinze cents hommes vous secourir. A cette heureuse nouvelle, Marc de Beaufort fit rationner son peuple, afin de pouvoir soutenir l'attaque des protestants, jusqu'à l'arrivée du duc d'Uzès, qui, fidèle à sa parole, vint faire subir aux assiégeants une déroute complète. »

Marc administre et possède jusqu'en 1575 ; à cette date, il cède par voie d'échange à Damville, le comté d'Alais et ses dépendances. Son fils, Jean de Beaufort, n'en reconnut pas la validité. Le 18 juin 1577, étant lieutenant royal dans la Haute Auvergne, Jean répudia l'héritage de son père et accepta l'héritage de sa mère, Catherine de Laqueille. Celle-ci avait sa dot garantie sur les biens de son mari ; son fils était donc créancier hypothécaire de ses reprises ;

l'échange ne compromettait-il pas la restitution de la dot? Un arrêt du parlement de Toulouse du 16 juillet 1584, fit cesser le procès, en homologuant un acte du 7 juin 1584, par lequel Jean de Beaufort, de guerre lasse, ratifiait l'acte signé par son père il y avait dix ans.

LOUIS DE MARTIN DE JOYE, 1575-1591.<br>
JACQUES DE MARTIN DE JOYE, 1591-1633.<br>
DAME VEUVE DE JACQUES DE MARTIN DE JOYE, 1633-1636,<br>
ET LES COSSEIGNEURS DE VAULX, 1592-1748.

La terre de Verfeuil fut-elle comprise dans l'échange du comté d'Alais avec Damville, ou bien fut-elle directement vendue par Marc de Beaufort à Louis de Martin de Joye? le manque de documents ne nous permet pas d'affirmer l'une ou l'autre supposition. Le fait est que, en 1577, elle était possédée par ce dernier. Ceci est constaté par la rubrique des reconnaissances féodales que le seigneur exigea de ses feudataires en l'année précitée 1577 : mémoire en est fait dans les reconnaissances féodales reçues par messire Alexandre de Latour de Gouvernet et dame de Joye de Verfeuil en 1656.

Louis de Martin de Joye possède jusqu'à 1591 environ. Il laisse la seigneurie à Jacques-Anthoine de Martin de Joye, probablement son fils, qui en 1592 reçoit une reconnaissance de seigneurie et censive de la part de Messire Edouard de Vaulx, qui devient coseigneur de Greissac et de Verfeuil. Jacques-Anthoine Martin de

Joye étant décédé vers l'an 1636, sa veuve épouse, en secondes noces, sieur Alexandre de Latour de Gouvernet, de Lens, comme cela est attesté par les actes de ce règne.


ALEXANDRE DE LATOUR DE GOUVERNET, SIEUR DE LENS, ET DAME VEUVE MARTIN DE JOYE, DAME DE VERFEUIL, 1636-1658; ET APRÈS LE DÉCÈS DE M<sup>me</sup> DE VERFEUIL, ALEXANDRE DE LATOUR DE GOUVERNET ENCORE JUSQU'EN 1695.


La Tour de Gouvernet, marquis de la Charse, baron des Plantiers, Aleyrac, Cornillon, portait : d'azur à une tour d'or maçonnée de sable, au chef de gueules chargé de trois casques d'argent en profil. (Catalogue général des gentilshommes de la province de Languedoc, par Henri de Caux, édition 1688, à Pézenas.)

D'après Béiard, La Tour de Gouvernet, marquis de la Charse, etc..., portait d'azur à une tour d'argent maçonnée de sable, au chef couché de gueules, chargé de trois timbres d'argent, tarés de profil, montrant trois grilles d'or, orné chacun d'un bourrelet de chevalier d'argent et de gueules.

Avant de rapporter certains actes relatifs à l'administration de ces seigneurs, nous devons, par rang de date et ordre chronologique, placer ici le texte intéressant d'un mandement du gouverneur de Languedoc, signifié à la communauté de Verfeuil.

Disons d'abord avec Ménard, dans son Histoire abrégée de Nîmes, page 482, qu'à l'occasion des guerres civiles entre protestants et catholiques, le Languedoc, à la mort de Louis XIII, était accablé de dettes et de subsides. Le procès-verbal des états de Béziers tenus à la fin de 1642, rapporte que des communautés entières, hors d'état de payer les impôts, désertaient le pays, en abandonnant leurs biens. Il fallait pourtant payer les dettes provinciales. Or, voici le texte original du mandement général adressé à la province du Languedoc et tel qu'il fut signifié à la communauté de Verfeuil :

« Le prince de Condé, premier prince du sang, premier pair de France, du Danguien, Châteauroux, Montmorency, gouverneur pour le Roy en Bourgogne, Bresse et Bary, commandant les armes du roy en Languedoc, Roussillon, Cathalaugne et au gouvernement du Languedoc.

« Veu l'arrest du commissaire de sa Majesté du vingtième mars mil-six-cent-quarante-un donné sur les remontrances et poursuites des depputés des créantiers, des debtes des communautés de ladite province du Languedoc, pourtant que la somme de douze-cens-mil livres que sa Majesté avait ordonné estre levée sur les inthérêts des sommes dubes par les diocèzes, villes et communautés de la province, et corps de ceux de la réligion prettandue refformée, et modérée à la somme de huit-cens-dix-mil livres, payable en deux années ez-mains de mestre César Ranchin, comis par sad. Magesté. Ce quoi fere tous les très prudans consuls et clavaires et corps de ceux de la religion prettandue refformée seront contrains comme pour les propres. droit et affaires du Roy, nostre ordonnance pourtant que lesdits créanciers desdits diocèses, villes et communautés, et corps de la R. P. R. depputeront et assembleront en nostre ville de Pézenas, pour bailher estat de recouvrement bon leuable et valable de la somme de huit-cens-dix-mil livres, chacun desdits diocèzes, villes et communautés sur les inthérêts de leurs debtes à quoi ils ont satisfait la preuve de ce fait, par devant

les sieurs intendant et communautés et leurs estats par-
ticulliers et généraux de recouvrements remis et signés
par les depputés desdits créantiers et scindictz desdits
diocèses pour conformément audit arrest, et l'intention
de sa Magesté, et estat de recouvrement arresté et
ordonné par lesdits depputés. Ordonnons que dans
trois jours après la signiffication que sera faite de nostre
présente ordonnance à personne et domicille lesdits
très prudens clavaires, coleteurs, sindictz et corps de
ceux de la R. P. R. et particullièrement leurs cautions
et nominateurs seront contrains, en cas de reffus soli-
derement de remettre ez-mains desdits Ranchin ou de
ses procureurs ou commissaires au bureau par eux
establi sur leur simple quittance les sommes contenues
audit estat, chacun suivant les droits cothés et ceux
par toutes voyes dubes et raisonnables comme pour
les propres deniers et affaires de sa Magesté, nonobstant
appelations, oppozitions quelconques, sans préjudices
d'icelles et sans avoir esgards au payement qui pourrait
avoir esté faict ez-années mil-six-cens-trente-neuf et
quarante et advant, sans aucune permission de sa
Magesté du cappital d'aulcung desdites debtes ou que
les inthérèts n'ayant point esté impozés à la présente
année pour lesquels en ez-cas il ni aurait fond suffisant
pour la cotte et taxe de chacune communauté, seront
prins sur les neuf six et trois-cens livres qui s'imposent
annuellement dans chacun desdits diocèzes, villes et
communautés faisant entière main-levée ausdits créantiers des saisies faites desdits inthérèts de leurs debtes
desdites années mil-six-cens-trente-neuf et quarante,
et ordonnons constreinte au payement desdits arreirages
les repceveurs, consuls, coleteurs par voyes et rigueurs
que dessus, à la charge par lesdits créantiers d'àpreuver

et rattifier ce qui a esté faict et arresté pour l'exécution dudit arrest du commissaire et de nostre dicte ordonnance en l'assemblée tenue en ceste ville et communauté de ceste province. Mandons à tous officiers du roy, consuls, magistrats et aultres tenir la main à l'exécution des présantes à payne d'en respondre en leur propre et privé nom, et aux soldats de noz gardes, huissiers ou sergents, mestre, icelle adeube et entive exécution, et sera adjoint foi aux coppies qui seront collationnées par l'ung de noz serviteurs comme à l'original, faict à Pézenas, ce treizième jour d'aoust mil-six-cens-quarante-un.

« Signé : Henri de BOURBON. »

« De Marzaube, Roquelin de Ranc et par moy de Girard.

« Colationé à l'original. »

« L'an mil-six-cens-quarante-deux et le septième du jour du mois d'Avril, je huissier soubzigné ay signiffié l'ordonnance de son altesse dont copie est ci-devant transcripte, aux consuls et coleteurs de la paroisse et communauté de Verfuel.

« Et en vertu d'icelle et de l'arrest du commissaire, du vingtième de mars de l'année dernière publié ou besoing a esté faict commandement ausdits sieurs consuls et coleteurs de ladite Communauté, en parlant à Firmin Rimbaud et Simon Souchon, de porter, remettre et payer dans trois jours après le présent exploict au bureau de la recepte establi en la ville d'Uzès :

« Es-mains de Me Antoine Goirand procureur et commissaire de Messire Cézar Ranchin que sadite Magesté a comis ou de son procureur-général, la somme de *cinquante-trois livres* et huit sols, onze deniers, à laquelle se monte la moyenne du dernier payement de la taxe faict sur les inthérêts des créantiers des communautés, l'autre moytié qu'est semblable somme payable au quinzième jour d'aoust prochain, pour les huit-cens-dix-mil livres que sa Magesté a ordonné estre prinzes et levées sur les inthérêts des debtes desdits diocèzes, villes, communautés et corps de ceux de la religion préthandue reformée ez-années mil-six-cens-quarante-un et mil-six-cens-quarante-deux par préférence des plus clairs et premiers deniers et suivant l'Estat de recouvrement qui a esté bailhé audit sieur Ranchin, par le général des créantiers de la province, et à fauste d'y satisfere dans ledit tems et ycell passé quels seront constraintz à leurs despans par les voyes et rigueurs portées par ledit arrest et ordonnance. Laquelle somme de cinquante-trois livres échue d'ensemble l'autre moitié sera precontée par lesdits créantiers à la susdite communauté sur les inthérêts à ceux deubs par icelle faict les ans et jour que dessus en présance des només en mon original et moi.

« LACOSTE. »

Total de la mande du payement 107 fr. 19 sols, 4 deniers.

La Communauté de Verfeuil s'exécuta selon l'ordre de la signification ci-dessus, et voici le reçu qui lui rend témoignage.

« Je soubzigné, procureur de M. Jean Peyrat, procureur général, et maistre Cezar Ranchin, comis au recouvrement de la taxe mize sur les Taylhes des debtes, des villes et communautés du Languedoc, confesse avoir receu comptant des consuls de Verfuel, par

mains de Firmin Rimbaud, la somme de cinquante-
trois livres huit sols onze deniers, du dernier payement de la taxe mize sur les inthérêts des debtes de
laditte communauté, à cauze des huit-cens-dix-mil
livres ordonnées par arest du conseil de sa Magesté du
vingtroisième mars de l'année dernière mil-six-cens-
quarante-un et pour l'année mil-six-cens-quarante-
deux, suivant l'estat et recouvrement bailhé audit sieur
Ranchin, par le général des créantiers de ladicte province. Laquelle somme de cinquante-trois livres huit
sols onze deniers sont quittes.

« Faict à Uzès ce vingt-huitième jour d'aoust mil-
six-cens-quarante-deux en déduction et à bon compte.

« GOIRAND. »

T° le droit de quittance, vingt sols.

Passons maintenant aux documents qui sont relatifs
à l'administration d'Alexandre de Latour de Gouvernet et de son épouse veuve de Martin de Joye, dame
de Verfeuil.

A quelle occasion et de quelle manière ces seigneurs
attaquèrent-ils la communauté de Verfeuil pour lui
disputer la qualité de propriétaire des bois que lui
confirmait la transaction de 1548, passée avec elle par
Marc de Beaufort? rien ne nous a renseigné sur ce
point. Dans l'intervalle de près d'un siècle, bien des
circonstances peuvent surgir pour brouiller les rapports
entre seigneurs et communautés ; mais comment ce
procès fut-il présenté, soutenu et plaidé par chaque
partie? impossible à nous de l'exposer, vu que les documents nous font défaut. Il ne nous reste donc qu'à
produire la solution rendue en 1642 par une sentence

arbitrale, motivée probablement par l'article que nous avons cité dans le dénombrement fait au nom de Jacques Beaufort, en 1531, qui déclare le seigneur propriétaire et les habitants usagers.

Voici ce que nous rappelle un mémoire du château :

« Une sentence arbitrale du sénéchal de Nîmes, du 6 juin 1642, maintient le sieur Alexandre de Latour de Gouvernet, sieur de Lens, et la dame Marie Martin de Joye, mariés, *comme seigneurs de Verfeuil*, en la propriété de tous les bois qui sont dans le terroir dudit lieu de Verfeuil. »

Les consuls firent appel de cette sentence, mais en vain ; car le mémoire en question rapporte encore qu'un arrêt de la Cour du Parlement et Chambre de l'édit séant à Castres, du 18 juin 1644, fut rendu entre les consuls de Verfeuil, appelant de la sentence rendue par le sénéchal de Nîmes, le 18 juin 1642, et le sieur de Latour de Lens et dame Martin de Joye, mariés, dame dudit Verfeuil, lequel arrêt d'après la déclaration faite par lesdits mariés : *que la question concernant les bois prétendus être contenus aux inféodations des mas de Tarraux et de Court du 3 mai 1476, et 6 mai 1528, ne regarde point la question du procès et qu'ils ne prétendent point venir contre lesdites inféodations,* confirme ladite sentence, et porte expressément que la maintenue ordonnée par la dite sentence, au profit desdits seigneurs, en la propriété des bois assis dans le terroir de Verfeuil, *n'aura lieu pour les bois qui se trouvent avoir été inféodés par lesdits Seigneurs.* La Communauté déboutée de ses prétentions dut se résigner à passer avec les seigneurs, la fameuse transaction de 1645 dont le texte va suivre, et qui doit faire loi désormais pour les bois entre les seigneurs propriétaires et les habitants simplement usagers en sens contraire de la Transaction de 1548, sous le règne de Marc de Beaufort,

## TRANSACTION ENTRE LE SEIGNEUR ET LES HABITANTS DE VERFEUIL

1645. Comme il y avait grand procès entre messire Alexandre de La Tour du Gouvernet, seigneur de Lens, de Verclauze, et autres places, et dame Marie de Martin de Joye, sa femme, dame de Verfeuil, au diocèse d'Uzès, d'une part, et les habitants, communauté et université dudit Verfeuil, d'autre part..... pour raison de la propriété des bois qui sont dans le terroir et juridiction dudit Verfeuil, et autres fins... à cette cause, cejourd'hui 17e jour du mois de février 1645, après-midi, régnant très chrétien prince Louis par la grâce de Dieu..... par devant moy notaire royal et témoins bas nommés, ont été établis en leurs personnes les susdits messires mariés, d'une part, et Messires Jean Michel et Pierre Sauvet, consuls modernes, Mre Pierre Blanchard, Mre Pierre Dizier, Alexandre Marcel, Guilhaume Mouton, Bastian Chapel, Guilhaume Chapel, François Prade, Habram Camproux, Pierre Quittard, Durand Veyran, Joseph Carretier, Jean Fontanier, Pierre Aussignargues, Marc Camproux, Anthoine Souchon, Guilhaume Prohin, François Souchon, Firmin Souchon, Firmin Rimbaud, François Coste, Claude Duprat, Pierre Robert, François Bognols, Pierre Fontanier, Guilhaume Gilles, Guilhaume Broche et Jean Othon, tous habitants de Verfeuil et son mandement, fesant et représentant la plus grande et saine partie de la communauté dudit lieu, d'autre, lesquels du susdit différent, ses annexes, circonstances et dépendances ont convenu, accordé et transigé pour eux et leurs successeurs à l'avenir :

Premièrement, qu'il appartiendra aux habitants de Verfeuil, les herbages, pâturages et glandages de tous les bois et forêts de Verfeuil, tout ainsi et en la forme et condition portés par les arrêts du 18 février 1644. Item que lesdits seigneur et Dame seront tenus, comme ont promis et comme ils ont et de présent concédé et concèdent aux habitants de Verfeuil, présent et à venir, la faculté de prendre du bois mort et mort bois, ensemble les *euzes escorchés* appelés *ploumas,* pour leur chaufage dans tous les bois et forêts dudit Verfeuil, ensemble de pouvoir prendre du bois tant pour leurs fours communs que particuliers.... tout ainsi que se fesait avant... et du ramage pour leurs bestiaux ; pareillement leur ont donné et donnent la faculté et liberté de prendre dans lesdits bois des *fustes* et *Cheuvrons* pour la construction et réparation de leurs maisons et pour des *Clèdes* et *arayres* pour leur usage tant seulement. Item ont aussi donné lesdits seigneur et dame pouvoir de faire des fours à chaux autant qu'il leur sera nécessaire, dans lesdits bois, à condition que de ladite chaux il en appartiendra auxdits seigneur et dame et à leurs successeurs une portion égale à celle d'un chacun qui la feront, pour lesquelles facultés lesdits consuls manants et habitants seront tenus bailler auxdits seigneurs de Verfeuil annuellement et perpétuellement à chàcune fête Saint Michel, une eymine blé tauzelle marchande, mesure de Bagnols, pour chacuns habitants résidants dans ledit lieu et ses dépendances... que lesdits seigneurs seront tenus lever... Comme leurs censes, sans pouvoir contraindre le solvable pour l'insolvable, commençant le premier payement à la saint-Michel prochain, et ainsi continueront annuellement et à perpétuité. Item... que pour les susdits despens de ladite somme due (pour diverses causes) s'élevant à deux mille livres... lesdits consuls et habitants ont promis et promettent de payer audit sieur de Lens dans les années prochaines et cependant pour les intérêts d'ycelle, ycelui seigneur de Lens jouira de toute la *rusque* qui se pourra prendre et cueillir auxdits bois et forêts dudit Verfeuil ; et les quatre années passées et ladite somme de deux mille livres payée, ladite *rusque* appartiendra, la moitié audit seigneur, et l'autre moitié auxdits habitants, laquelle *rusque* ne se fera que lorsque lesdits seigneur et dame le trouveront bon.

Item se sont réservés et se réservent lesdits seigneur et dame et leurs successeurs comme propriétaires des dits bois et forêts de pouvoir bailler la permission à qui bon leur semblera, soit habitant ou étranger ; de prendre du bois mort et mort bois dans lesdits bois et forêts dudit Verfeuil, autant qu'il leur plaira et de donner gratuitement à qui bon leur semblera la liberté de prendre toute sorte de bois dans lesdites forêts, sans abus toutefois.

Fait et récité audit Verfeuil dans le château, présent Messire Louis Rossel, docteur et advocat de la ville d'Uzès, Messire Jean Sarguet, curé dudit Verfeuil, et moy Jacques Richard, notaire royal de Goudargues (1).

---

(1) Les notes de ce notaire devinrent la propriété de M⁰ David Chastamier, notaire à Lussan.

## NOTA

« **Plus tard**, les habitants, en vertu de la clause de
la transaction qui porte qu'ils auraient la moitié de
l'écorce ·des chênes verts et tous les arbres écorchés,
quand le seigneur voudrait que l'écorce se fît, et *non
autrement*, prétendirent avoir la moitié des coupes de
bois. Les contestations furent portées devant des arbitres, qui décidèrent que désormais les habitants auraient le *cinquième du produit des coupes de bois*. Cet
avis arbitral qui a été homologué au Parlement, a
toujours fait et doit faire la loi des parties. Les habitants qui auraient voulu une portion plus considérable,
firent de nouvelles demandes. M. l'Intendant permit
qu'ils prissent une consultation à Nimes, devant M. Aldebert qui décida qu'il était avantageux pour la communauté de s'en tenir à l'avis arbitral qui leur accordait le *cinquième*. Messires Albisson et Granier de Montpellier, qui furent consultés après M. Aldebert, pour
jeter un plus grand jour sur les prétentions de la communauté furent du même avis que M. Aldebert. D'après
ces deux consultations, Monsieur l'Intendant fit défendre à la communauté de plaider, et condamna personnellement les consuls à tous les dépens exposés devant
l'Intendant. » Tout cela est développé plus loin.

Notons ici un acte important pour ce règne : c'est
une reconnaissance générale emphytéotique, faite par
les habitants de Verfeuil, audit seigneur de Latour de
Lens, et dame Marie Martin de Joye, mariés, dame de
Verfeuil en 1656, comme le rapporte la rubrique des
reconnaissances reçues des habitants par le baron
d'Ornac de Verfeuil, en 1769, et dont nous donnons plus

tard la table cataloguée, précédée d'une formule générale.

Deux ans plus tard, en vertu de la Transaction de 1645, le sieur Alexandre de Latour de Gouvernet de Verfeuil promet de vendre la coupe de tout son bois de Verfeuil, *excepté le bois de Darboussas*, et le petit devois dudit seigneur (le devaison probablement) à Pierre Bernard de Bagnols, moyennant la somme de 8,500 francs, sous la réserve de tous les chênes et des facultés accordées aux habitants par la Transaction de 1645. Acte reçu par Fontanille, notaire, le 10 mars 1658.

Nous voyons, dans cet acte, figurer seul comme seigneur de Verfeuil, Alexandre Latour de Gouvernet, parce que, probablement, dame Marie Martin de Joye, sa femme, dame de Verfeuil, avait cessé de vivre (1).

Les habitants de Verfeuil durent forcer et franchir les limites tracées à leurs droits usagers par l'arrêt de l'Edit de Castres, daté de 1644, par rapport aux bois inféodés aux mas de Tarraux et de Court; voilà pourquoi M. Alexandre de Latour de Gouvernet de Verfeuil, présente une requête dans laquelle, en exécution de l'arrêt de 1644, en conséquence du délaissement à lui fait du devois et bois appelé Tarraux (Darboussas), il demande qu'il soit fait inhibition et défense aux habitants de Verfeuil et à tous autres d'*entrer ni sortir* dans ledit devois; et arrêt de Parlement et Chambre de l'édit séant à Castres du 20 août 1660, qui fait in-

---

(1) Messire de Latour de Gouvernet dût convoler en secondes noces, puisque nous trouvons dans les comptes du consul Souchon, en 1660, un reçu de la pension du seigneur de Verfeuil, signé par M<sup>me</sup> de Verfeuil.

hibition et défense aux habitants de Verfeuil et à tous
autres, de troubler le sieur Latour en la possession
et jouissance dudit bois à peine de 4,000 francs
d'amende.

Nous signalons ici, par rang de date, une transaction
passée le 13 septembre 1666 entre le seigneur de Lussan et les consuls de Verfeuil.

Cette transaction a pour but de clore à l'amiable,
un long procès pendant auprès de la cour de M. le sénéchal de Nimes, entre M^re Jacques d'Audibert, comte
de Lussan, représenté par M. Chastanier, notaire, son
procureur fondé, et la communauté de Verfeuil représentée par ses consuls MM^res Pierre Mouton et Antoine
Souchon assistés de MM. Antoine Blanchard, Antoine
Cassan, Armand Sauvet, Marc Mouton, Jacques
Dizier et Bastien Chapel, députés ayant charge expresse
de la communauté par acte de M^e Fontanille, notaire.
Le procès avait pour motif les droits de directe du
comte de Lussan, méconnus sur certaines pièces situées
au territoire de Saint-Marcel du Carreiret, acquises de
M^e Odol, notaire, par la Communauté de Verfeuil.

La transaction règle les frais du procès et les indemnités dues audit comte de Lussan, et oblige les consuls
et députés à passer au comte reconnaissance pour les
pièces au nom de la communauté. Suivent les signa-
tures des procureurs et députés, avec celle du notaire.

CASSAN, SAUVET, CHASTANIER, SOUCHON,
DIZIER, MOUTON, BLANC, DIZIER.

ROSSIÈRE, *notaire.*

Le 21 mai 1691, Alexandre de Latour de Gouvernet,
passe une transaction avec noble Pierre Broche Devaulx,

seigneur de Mimard, Jean Borrely et Pierre Sauvet, propriétaires du mas de Greissac, terroir de Verfeuil, devant M<sup>es</sup> Benoit Pugnière et Louis Vidal, notaires, dans laquelle on voit que lesdits Devaulx, Borrely Sauvet prétendaient avoir des droits sur le Darboussas, en vertu d'un bail à cens fait à Colin de la Malinière, leur auteur, le 10 mars 1444, et ledit sieur Devaulx sur les mas de Court et de Tarraux, en vertu des acquisitions par lui faites des anciennes possessions desdits mas, qu'il était convenu que les mas de Tarraux et de Court et de Vigoutrès étaient compris ainsi que les bois de Plambelle, dans les limites et confronts donnés au bail à cens du mas de Greissac et de Cabanes, du 10 mars 1444; que le sieur de Latour attaquait ce prétendu bail, et qu'il soutenait avoir le même droit sur les bois de Plambelle ou de Greissac que dans tous les autres bois non inféodés de Verfeuil.

Par cette transaction sur procès ledit sieur Devaulx *cède pour lui et ses héritiers successeurs à l'avenir tous les droits qu'il a sur les bois et terrains dépendans desdits mas de Tarraux et Court et Darboussas en conséquence* des baux et inféodations et nouvel acte, baux à cens et emphithéose, faits par ledit seigneur, comte d'Alais, ou par des procureurs, desdits mas de Tarraux et de Court du 3 mai 1476, reçu Mercier, notaire, 5 mars 1494 reçu Blisson et 2 mai 1528 par Ruphi, notaires, et par quels autres titres que ce soit; et lesdits Borrely et Sauvet tous ceux qui y peuvent avoir, tant en vertu du bail à inféodation de l'année 1444, qu'autrement de quelque manière que ce soit, se réservant seulement ledit sieur Devaulx : 30 salmées de son mas de Court du côté du couchant; étant convenu entre lesdits seigneurs de Verfeuil et de Vaulx : que tout le surplus desdits mas de Tarraux de Court et Darboussas appartiendra et demeurera acquis en pleine propriété audit seigneur de Verfeuil, *pour en faire et disposer à ses plaisirs et volontés et les mettre en vêt et devois comme bon lui semblera.* . . . . . en considération de ce que ledit sieur Devaulx avait le plus grand et le plus considérable droit auxdits bois et terroirs cédés dans l'étendue desdits mas de Tarraux et de Court, ledit seigneur de Latour lui accorde, *sans tirer à conséquence pour aucun habitant,* de ladite terre et juridiction dudit Verfeuil, pour lui et ses descendants seulement pendant tout le temps qu'ils posséderont des biens dans ladite juridiction de Verfeuil, la faculté de pouvoir faire dépaître, sans abus, dans les devois *dudit seigneur de Verfeuil qui sont le Darboussas, mas de Tarraux et de Court* (1). Il fut fixé et planté de nouvelles limites ou bornes, qui restreignirent les confronts donnés en 1444 au terroir du mas de Greissac et de Cabanes ; et messire de Latour consentit que lesdits sieurs Devaulx et Borrely et Sauvet, ensemble leurs héritiers et successeurs à l'avenir, jouissent dans l'étendue desdits mas de Greissac et de Cabanes, *comme ils sont ici limités et restreints,* desdits droits, usages facultés et libertés portés par le bail à cens du 10 mars 1444.

Nous terminons le récit des actes de l'administration de M. Alexandre de Latour Gouvernet, par un fait de conciliation opérée grâce à sa puissante médiation :

Vers le milieu de l'année 1693, le fermier du prieur de la Bastide d'Orniols, nommé Raymond de San-

---

(1) *A plus forte raison de ne pouvoir jamais user de la même faculté dans les autres bois dudit Verfeuil, au préjudice de la faculté des redevanciers, telle qu'elle est formulée dans la transaction de 1645.*

siergue (1), seigneur de Bord, avait eu quelques dé-
mêlés avec Louis de Pèlegrin, seigneur de la Bastide. On
avait échangé des paroles acerbes, proféré des menaces,
proposé des duels. Un jour, le fermier et sa femme, la
dame de Saint-Martin, faisaient travailler quelques
ouvriers à la Bastide dans l'aire du prieur, en présence
du prieur lui-même. Tout à coup arrive le seigneur de
la Bastide, accompagné du seigneur de Cadignac, son
oncle, et du seigneur de Verfeuil, son beau-frère. Ce
dernier s'approchant de Raymond lui demande les raisons des mauvais procédés dont il usait à l'égard de
M. de la Bastide. — « Mes raisons, répond celui-ci, sont
du côté de mon épée. » Cette parole fut comme le
signal d'un combat. Au même instant, les trois seigneurs, le fermier et les ouvriers saisirent leurs armes
et se mirent en défense. Le seigneur de Cadignac com-
manda même de tirer, mais le seigneur de Verfeuil le
défendit ; il invita le fermier à mettre bas les armes et
on s'expliqua sur le différend qui existait avec M. de la
Bastide. Le seigneur de Verfeuil déclara que son beau-
frère avait tort ; et après une heure de pourparlers, les
deux ennemis se séparèrent après s'être embrassés (2).

ALEXANDRE HECTOR DE LATOUR GOUVERNET, 1695-1738.

Le premier acte de l'administration de ce seigneur que
nous puissions produire sur mémoire est le suivant :
« Messire Alexandre Hector de Latour Gouvernet,

(1) *Alias* Chansiergue, Chausiergue, Sanssiergue,
(2) Extrait de la déposition écrite du prieur Bruneau.

vend la coupe du bois du Darboussas, à André Sauvet de Laroque, le 11 octobre 1727, sans réserve de facultés pour les habitants, lesdits bois Darboussas confrontant du levant le terroir de Laroque, du couchant le valat de Ramboulidou et le matas de Fournaise, et l'eau pendante du côté dudit Darboussas ; de bize, le rocher de Plambelle et Laroque, et du marin le bois de Saint-André d'Olérargues. » Ce même seigneur passe un compromis en 1732, avec noble Jean, Alexandre, Marie Thérèse de Latour de Massargues et M. Duret, sur certains différends pendant entre eux, depuis 1730, devant le sénéchal d'Uzès. Ce compromis est rédigé sur quatre feuilles en parchemin.

A ce règne se rapporte à la date de 1733, la pièce suivante relative au rôle des impositions de Verfeuil, que nous donnons ici textuellement, et qui nous offre un certain intérêt local.

« Préambulle du Roolle des Imppoòns faites sur la
« communauté du lieu de Verfeuil, diocéze d'Uzéz la
« présente année mille-sept-cent-trente-trois, en consé-
« quence de la délibéraon du vingt-unième avril, au-
« quel a esté procédé par nous Pierre Broche et Es-
« tiénne Frach, consuls modernes, et Jean Fontanille,
« notaire roïal et greffier cons<sup>re</sup> de ladite commu-
« nauté, départeur, comme sensuit :

« 1733, chap. I<sup>er</sup>, sommes des mandes : Première-
« ment pour la cottité de ladite communauté des som-
« mes impozées sur le diocèze, Lapnte année 1733 con-
« formément à la mande, celle de dix-sept-cent-cin-
« quante-quatre livres neufs sols trois d<sup>rs</sup>, à quoy joint
« onze livres douze sols pour les deux sols pour livres
« que Mons. le receveur exige des sommes comprises
« au règlement, en tout cy........ 1766 l. 1 s.

## CHAPITRE II. — DÉPENSES ORDINAIRES

« Plus a esté impozé pour les dépenses ordinaires de
« ladite communauté conformément au règlement de
« nos seigneurs, les commissaires du Roy et aux or-
« dres d'augmentation dont la lecture en a esté faite
« en procédant à ladite impoòn, sçavoir : cent-vingt
« livres pour les gages du maître d'écolle estant ap-
« prouvé de Mgr l'Evêque, suivant l'ordonnance de
« Mgr l'Intendant et six livres pour le loyer de la
« chambre, cy..........................  126 l.
« Plus douze livres pour les gages du greffier com-
« missaire, suivant le bail passé par Mgr l'Intendant,
« cy........ ........... ...  .................  12 l.
« Plus huit livres pour la colocaon de la taille, ex-
« trait du préambulle et papier timbré pendant l'an-
« née, cy.................................  8 l.
Plus la somme de cent livres pour les gages du garde-
terre pendant l'année, permis d'impozer quy est cinquante livres, suivant le règlement, et pareille somme
par ordonnance de Mgr l'Intendant du 8 février 1713,
cy.................................  100 l.

## CHAPITRE III. — DÉPENSES IMPRÉVUES

Pour les dépenses imprévues de ladite communauté,
conformément au susdit règlement et ceux ord. d'augmentation, la somme de trente livres sur lesquelles sera
pris six livres pour ceux qui ont compté leurs bestiaux
pour les faire cotizer à la taille et le restant pour les
fraix de la millice com⁶, de la délib. consʳᵉ, dresse et
clôture des comptes des pauvres, cy........  30 l.

Plus sera impozé la somme de dix-neuf livres pour les journées employées par le sieur Claude Vincent, arpanteur du lieu de Saint-Marcel de Careiret quy y a procédé en conséquence de ladite délibération, à la recherche et arpentement des nouvelles ouvertures faites par les hans dans les parties ou autres biens abandonnés en dépense des indicateurs : ce quy a produit une livre dix-sols dix deniers un$^e$ ob. p$^r$ por. d'allièvement quy a esté adjoutté au compoix terrier de la communauté, et six livres en faveur du greffier pour l'encadastrement sur la cotte de chaque par$^{er}$ de l'allièvement des ouvertures sur quarante-quatre articles quy aurait monté, onze livres, suivant l'arrêt du conseil d'Etat du Roy à cinq sols chacun, en tout cy.......... 25 l.

### CHAPITRE IV. — PENTION DU CAPITAL VÉRIFIÉ

Plus a esté employé en faveur des seigneurs dudit lieu, la somme de cent livres pour la pention au denier cinquante du capital de cinq mille livres du reste du contenu de la transaon du premier janvier 1645 la partie duement vérifiée, et c'est pour la présente année quy eschera le 31 décembre, cy........... 100 l.

Total des sommes impozées, deux-mille-cent-soixante-sept L. un s. trois d., cy.. 2167 l. 1 s. 3 d.

### CHAPITRE V. — LEVEURES

Les leveures ou taxaons de laquelle susdite somme reviennent à raizon de cinq deniers pour livres à celle de quarante-cinq livres deux sols onze deniers, que Messire Simon Robert dudit Verfeuil, collecteur colon$^{re}$ la précédente année et dernier et mois dix août, sous

le cautionnement de Simon Pical du mas de Moulas, par^er dudit lieu, ce retiendra par ses mains,
cy ........................... 45 l. 2 s. 11 d.

Revenant en total les imppoons y droits de leveures cy-dessus à la somme de deux-mille-deux-cent-douze liv., quatre s., deux den., cy....... 2212 l. 4 s. 2 d.
sur laquelle distrait cent livres sur le bétail gros et menu des hans de la communauté, à raizon d'une livre cinq sols par couple, un sol par couchon et six deniers par bette menue, reste la somme deux mille cent deux livres quatre sols deux deniers, quy a esté départie le plus justement et égallement qu'il a esté possible sur septante-sept livres un sol quatre deniers m. p. du compoix terrier, à quoy revient l'entier et juste alliévement de ladite communauté et trouvé revenir par chaque livre dudit compoix, scavoir pour la cotte des seigneurs, attendu qu'ils ne contribuent pas à l'impoon des cents livres de leur pention ny aux leveures d'ycelles et dont l'alliéviment se porte à quatorze l. vingt-six s. sept d., à vingt-six livres pour sol à une livre six sols deux deniers, et pour les autres contribuables, pour livres à vingt-sept livres douze sols six deniers ; et ainsi des autres espèces à proportion, suivant le département dont la teneur s'ensuit :

Premièrement, M. de Verclauze, fond et moitié du bétail menu de son rentier, deux-cent-quarante-neuf livres un sol trois deniers, cy.... 249 l. 1 s. 3 d.
MM. et dames de Latour, frères et
   sœurs, fond et moitié du bétail
   menu de Vigoutrès, cy....... 139 l. 13 s. 7 d.
Messire Dominique Rigaud, prêtre
   et vicaire.................... 1 l. 12 s.
Joseph Massot, fond et bétail.. 5 l. 11 s. 11 d.

|  |  |  |  |
|---|---|---|---|
| Jacques Mouthon | 24 l. | 7 s. | 8 d. |
| Louis Reboul | 4 l. | 15 s. | 7 d. |
| Jean Serre | 13 l. | 19 s. | 9 d. |
| Charles Mouton | 13 l. | 13 s. | 3 d. |
| Marc Thomas | | | |
| Guilhaume Fontanier | 1 l. | 8 s. | 2 d. |
| Estienne Chapel | 8 l. | 10 s. | |
| Louis Broche | 0 l. | 10 s. | 5 d. |
| Louis Chapel | 28 l. | 14 s. | |
| Barthel, Marcel | 6 l. | 9 s. | 1 d. |
| Simon Méjean | 6 l. | 16 s. | 10 d. |
| Charles Cheyrézy | 6 l. | 9 s. | 3 d. |
| Simon Reboul | 3 l. | 5 s. | 7 d. |
| Jean Mouthon | 1 l. | 15 s. | 11 d. |
| Maurice Guibert | 7 l. | 10 s. | |
| Joseph Reynaud | 4 l. | 15 s. | 3 d. |
| Jean Prat | 12 l. | | 5 d. |
| Vidal Chapel | 0 l. | 15 s. | |
| Antoine Sabatier | 10 l. | 1 s. | 5 d. |
| Jean Prade | 29 l. | 7 s. | 4 d. |
| Estienne Dupiat | 23 l. | 4 s. | 3 d. |
| Anthoine Montfrès | 31 l. | 1 s. | 2 d. |
| Sébastien Chapel | 12 l. | 16 s. | 6 d. |
| François Authon | 3 l. | | 5 d. |
| Guilhaume Prade | 3 l. | 13 s. | 6 d. |
| Jean Broche Moreau | 4 l. | 18 s. | 3 d. |
| Pierre Broche Moreau | 7 l. | 4 s. | |
| Simon Aussignargues | 1 l. | 11 s. | |
| Honoré Serre | 2 l. | 5 s. | 1 d. |
| S. François Charre | 13 l. | 1 s. | 5 d. |
| Pierre Peytaud | 5 l. | 1 s. | 2 d. |
| André Chabrier | 5 l. | 11 s. | 10 d. |
| S. François Dupiat | 72 l. | 13 s. | |

| | | | |
|---|---|---|---|
| André Gebelin | 2 l. | 4 s. | 11 d. |
| S. Antoine Blanchard | 55 l. | 1 s. | 6 d. |
| Jean Broche | 7 l. | 7 s. | 7 d. |
| Jean Chastanier | 1 l. | 19 s. | 8 d. |
| Pierre Guiraud | 7 l. | 1 s. | 10 d. |
| François Peytaud | 10 l. | 18 s. | 3 d. |
| Mathieu Guiraud | 26 l. | 8 s. | 1 d. |
| Ho. Jean Senouilhet | 8 l. | | 5 d. |
| Simon Robert | 25 l. | | 5 d. |
| Pierre Blanchard | 30 l. | 12 s. | 10 d. |
| Hô. Pierre Quittard | 1 l. | 13 s. | 11 d. |
| Pierre Broche | 2 l. | 9 s. | 7 d. |

## MAS DE MOUTON

| | | | |
|---|---|---|---|
| Joseph Mégier | 33 l. | 10 s. | 4 d. |
| Jean Roussière | 29 l. | 6 s. | |
| Estienne Broche | 16 l. | 7 s. | 8 d. |
| S. Jean Baptiste Cassan | 71 l. | 2 s. | 5 d. |
| Jean Quittard | 12 l. | 7 s. | 2 d. |
| Louis Taulelle | 1 l. | 15 s. | 11 d. |
| Vidal Quittard | 8 l. | 18 s. | 2 d. |
| M. Antoine Robert | 69 l. | 3 s. | 2 d. |
| Hô. André Authon | 13 l. | 5 s. | 3 d. |
| Louis Cassan | 26 l. | 12 s. | 3 d. |
| Jean Cassan | 26 l. | 12 s. | 2 d. |
| S. Jean Mégier | 44 l. | 13 s. | 6 d. |

## MAS DE MOULAS

| | | | |
|---|---|---|---|
| S. Antoine Blanchard, viguier | 74 l. | 15 s. | 2 d. |
| Simon Pascal | 13 l. | 11 s. | 9 d. |

Jean Quittard..................  13 l.  9 s. 11 d.
Pierre Nebou...................  16 l. 12 s.  5 d.
Louis Nebou...................  21 l.  5 s.  6 d.

## MONTÈZE

Jean Taulelle.................  35 l. 15 s.  2 d.
Jean Michel...................  79 l.  4 s.
Louis Baumel.................  11 l. 16 s.  7 d.
Joseph Robert................  24 l.  2 s.  1 d.
Pierre Cabrol................   7 l.  2 s.  1 d.
Joseph Cade..................   6 l. 16 s.  9 d.
Hô. Thomas Martel...........   2 l.  4 s.  4 d.
Pierre Serre.................  20 l.         7 d.
Jean Reynaud................   4 l. 16 s. 10 d.
Jean Vedrine père...........  25 l.  9 s.  7 d.
Jean Vedrine fils...........  23 l. 14 s.  7 d.
François Chabarié...........  15 l.  6 s. 11 d.
Jean Coste..................  35 l.  2 s   1 d.
Antoine Tressol.............  11 l.  7 s.  6 d.
Jean Roux...................  17 l.  2 s.  7 d.
François Cassan.............  13 l.         3 d.
Jacques Fontanille..........  19 l. 17 s.  5 d.
Hô. François Serre..........   0 l. 19 s.
Estienne Quittard...........   9 l.  1 s.  1 d.
Dominique Broche............   8 l.  5 s.  4 d.
François Prade..............   9 l. 13 s.  2 d.
Estienne Pellier............   7 l. 15 s.  8 d.
François Roussière..........   3 l.  4 s. 11 d.

## GREISSAC

Noble Pierre Broche de Vaux... 143 l.  8 s. 11 d.
André Soulier...............   3 l. 19 s.

Pierre Sauvet...................  89 l. 10 s.  5 d.
Jean Borelly..................  58 l.  6 s. 10 d.
Jean Roussière................   2 l. 14 s.  6 d.
Mᵉ Jean Fontanille, notaire.....  33 l. 16 s. 10 d.
Le meunier du Moulin Bez......   6 l. 14 s.  6 d.
Villot, rentier, de Vigoutrès....   4 l. 13 s.

## GOUSSARGUES

Jean Roussière...............   3 l. 16 s.  7 d.
Mathieu Prade................   1 l. 15 s.  3 d.
Mathieu Prade fils...........   0 l. 12 s. 11 d.
Barth. Duclap................   2 l.  4 s.  3 d.
Alexis Delaville..............   5 l.  1 s.  6 d.
Estienne Frach...............  42 l.  2 s.
Pierre Bouchon...............   0 l.  1 s. 10 d.
Antoine Mathieu..............   3 l.  3 s.  9 d.
Philippe Camproux............   3 l. 12 s.  6 d.
Jacques Borelly..............   4 l.  9 s.  9 d.
Denis Camproux...............   0 l. 12 s.  9 d.
Hô. Estienne Broche..........   3 l.  6 s.  2 d.
Alexis Chabarié..............   1 l.  9 s.  2 d.
André Dizier.................   2 l.  9 s.  4 d.
Claude Roussière.............   2 l. 15 s.  6 d.
Jean Gilbert.................   6 l. 18 d.
Noé Dizier...................   8 l. 16 s.  3 d.
Louis Balazac................   2 l. 15 s.  6 d.
Jean Camproux................   2 l.  3 s.  6 d.
François Camproux............   0 l. 14 s.  6 d.
Estienne Camproux............   8 l. 15 s.  6 d.
Izac Suel....................   0 l.  6 s.  9 d.
Pierre Serre.................   0 l. 15 s.  6 d.
Pierre Boisson...............   1 l.

Antoine Fraix................ 0 l. 18 s. 9 d.

Jean Bouet.................. 0 l. 12 s. 6 d.

M. le comte de Lussan ou son rentier de Chazel, bétail........ 3 l. 4 s.

Pierre Talon de Montèze, bétail. 0 l. 2 s.

« Revenant les cent-vingt-quatre cottes contenues au
« précédant roolle et livre de taille à la somme de
« deux mille deux cent trente-neuf livres douze sols
« trois deniers, desquelles sommes ledit Robert Claude
« en donnera compte à ladite communauté, conformé-
« ment aux règlements.

« Fait audit Verfeuil, le neufvième jour du mois de
« juin mille sept cent trente trois. Les consuls estant
« illestrés.

« Fontanille, Gff. cons^{re}, taille roïalle de Verfeuil
« 1733. »


FRANÇOIS HECTOR DE LATOUR GOUVERNET, SEIGNEUR DE VER-
FEUIL, 1738-1765; DE BRUNEAU D'ORNAC DE SAINT-MAR-
CEL, 1745-1765, ET MESSIRES ANTOINE VALETTE PÈRE ET
FILS, COSEIGNEURS, 1765-1835 ENVIRON.


Un mémoire nous rapporte que M. Alexandre-Hector
de Latour Gouvernet, étant mort avant sa belle-mère
vers la fin de l'année 1732, celle-ci se substitua sur la
seigneurie de Verfeuil, son petit-fils Messire François-
Hector de Latour de Gouvernet, Verclauze, Labatie,
Verdun et autres places, capitaine de cavalerie au régiment de Bourbon prince, fils aîné duement émancipé,
élu et rémissionnaire de haut et puissant seigneur
Alexandre-Hector de Latour de Gouvernet, Verclauze,

Labatie, Verdun et autres places, habitant Bagnols (1).

Sous ce règne, la terre de Verfeuil, possédée pendant plus d'un siècle par les seigneurs de Latour Gouvernet, va passer en d'autres mains par des ventes régulières opérées à diverses dates. La première a lieu en 1754, et, à cette occasion, Messire de Bruneau d'Ornac, seigneur de Saint-Marcel, devint coseigneur de Verfeuil. En effet, le mémoire qui nous informe s'exprime ainsi : « François-Hector de Latour, baron de Verfeuil, vend à haut et puissant seigneur Charles de Bruneau d'Ornac, seigneur de Saint-Marcel Careiret, Aupiats et autres places, le domaine et mas d'Orengue et la moitié du château, terre, baronnie, seigneurie de Verfeuil, justices, directes, droits de lods, champart, bois et facultés, censives et autres droits utiles et honorifiques dépandans et attachés à ladite seigneurie. Acte reçu M° Blanchard, notaire à Laroque, le 16 mars 1754. » — « Dix ans plus tard le domaine d'Orengue et autres terres y annexées, total 22 pièces, furent baillées par ledit seigneur d'Ornac, à sieur Mégier aîné, par acte devant Devès, notaire, procureur fondé du sieur d'Ornac, le 27 janvier 1764, moyennant une pension annuelle et perpétuelle de huit cens livres, plus la censive de reconnaissance de 1769, d'une salmée de tozelle belle et marchande-mesure de Bagnols. »

Ce bail dut être résilié ensuite, puisque nous retrouvons le domaine d'Orengue en la possession absolue

(1) En 1736, Alexandre-François-Hector de Latour du Pin Gouvernet signe un hommage de moyenne et basse justice du prieuré de Goudargues, entre les mains de M<sup>re</sup> Charles de Crussol, duc d'Uzès, fait par Lucretius Henri François de Latour de Gouvernet Lachau Montauban, prieur de Goudargues. Acte reçu par Pierre Galafrès, notaire royal à Uzès, dans le château ducal.

du baron, à une date postérieure, jusqu'au jour où ses héritiers directs vendirent la majeure partie des biens de la baronnie, comme nous le dirons dans la suite de cette étude.

C'est encore à l'occasion d'une nouvelle vente partielle qu'un autre coseigneur apparaît sur la terre de Verfeuil. En effet, « le 16 juillet 1765, le seigneur François Hector de Latour Gouvernet, vend à MM. Antoine Valette, père et fils, de Pont-Saint-Esprit, le domaine et métairie de Vigoutrès, leurs vignes et *autres fonds roturiers en dépendant*, et quoique le tout consiste et puisse consister sans se rien réserver, ni retenir, situé dans la terre et seigneurie de Verfeuil, et renfermé dans les quatre confronts suivants, savoir : du levant, les terres et juridiction de Laroque et Saint André d'Olérargues ; du couchant, le ruisseau de Cuégne et la rivière de Guilhon ; de bize, la rivière de Céze et celle de Guilhon, et du marin ladite terre et juridiction de Saint-André, avec les libertés, facultés, contenances et appartenances quelconques ..... pour jouir et disposer du tout, *comme en a joui, dû et pu* jouir ledit seigneur, et inféodation dudit jour, des justices, directes, etc....., dans ladite enclave. »

Par le fait de cette acquisition de Vigoutrès, les sieurs Valette en deviennent seigneurs et par contiguïté de rapports territoriaux, sont reconnus coseigneurs de Verfeuil. Nous verrons plus tard le baron de Verfeuil, dans ses reconnaissances féodales de 1769, faire la réserve des droits des Messieurs Valette, en les qualifiant de seigneurs de Vigoutrès, Greissac, moulin Bès et leurs dépendances dans la paroisse de Verfeuil, comme ayant droits de Messire François Hector de Latour Gouvernet.

Par une seconde vente de l'autre moitié des biens de la seigneurie de Verfeuil que fait Messire François Hector de Latour Gouvernet à Messire de Bruneau d'Ornac, seigneur de Saint-Marcel de Careiret, coseigneur de Verfeuil, celui-ci devient seigneur de Verfeuil en toutes justices.

Le mémoire sur cette vente s'exprime ainsi : « Le 25 août 1765 ledit seigneur François Hector de Latour Gouvernet vend à Messire de Bruneau d'Ornac, seigneur de Saint-Marcel de Careiret, coseigneur de Verfeuil, le restant du château, terres et seigneurie dudit Verfeuil, et généralement de tous les biens et droits généralement quelconques en quoiqu'ils consistent et puissent consister que ledit seigneur de Latour avait dans le terroir et seigneurie dudit Verfeuil, sans se rien réserver, ni retenir, *que ce qui a été vendu et inféodé aux Messires Valette père et fils* de la ville de *Pont-Saint-Esprit.* »

L'investiture de cette vente fut faite au nom du Roi, le 4 novembre 1765, par Messire Emmanuel de Crussolz, duc d'Uzès.

La vente de la terre et mas d'Orengue et autres biens, en date de 1754, et celle du restant de la seigneurie, château et autres biens, en date de 1765, tous frais compris et honoraires, furent passées et consenties au prix de 93,315 livres 12 sols.

En se dépossédant complètement de la seigneurie de Verfeuil, Messire de Latour Gouvernet, François Hector ne voulut pas que son souvenir pût y être oublié ; c'est pourquoi, trois ans après la vente absolue, dans son testament daté du 8 février 1768, il le consacre à perpétuité à la reconnaissance des générations de Verfeuil, par les clauses formulées dans le sommaire de son testament que nous sommes heureux de relater ci-après :

### SOMMAIRE DU TESTAMENT DE MESSIRE DE LATOUR

« Je soussigné François Hector de Latour Gouvernet Verclauze de Périssol, chevalier, ancien capitaine de cavalerie de l'ordre royal et militaire de Saint-Louis, etc., etc., résidant à Bagnols, je recommande mon âme à Dieu. . . . . . . . . . . . . . . . . .

« Et venant à mes légats, je donne et lègue à l'hôpital de cette ville de Bagnols, la somme de six mille livres une fois payée, à prendre sur mon héritage, une année après mon décès, à condition que les recteurs et administrateurs dudit hôpital, et leurs successeurs à l'avenir, seront tenus à perpétuité à compter du jour que ladite somme de six mille livres leur sera payée, de recevoir, loger, nourrir, vêtir et soigner comme les malades de ladite ville, un pauvre infirme, ou à défaut un pauvre vieillard hors d'état de gagner sa vie, de la paroisse de Verfeuil, au diocèse d'Uzès, qui sera présenté par les sieurs curé et consuls dudit Verfeuil, voulant qu'il y ait toujours en tous tems et à perpétuité dans ledit hôpital un pauvre malade ou en défaut de malade, un pauvre vieillard de ladite paroisse de Verfeuil, lequel malade ou vieillard venant à mourir ou guérir, sera remplacé au choix desdits sieurs curé et consuls dudit Verfeuil, entendant que le malade ne puisse être renvoyé dudit hôpital qu'après sa guérison, comme aussi que le vieillard qui sera admis audit hôpital en défaut de malades, puisse être changé au gré et choix desdits sieurs curé et consuls dudit Verfeuil, pour que plusieurs puissent profiter chaque année de ce secours.

« Plus je donne et lègue à la maison de charité établie audit Bagnols pour élever de pauvres et jeunes filles, la somme de trois mille livres, une fois payée, une année après mon héritage, à condition que les recteurs et administrateurs de ladite maison de charité et leurs successeurs à l'avenir, seront tenus à perpétuité, à compter du jour que ladite somme de trois mille livres sera payée, de recevoir dans ladite maison de charité, d'y loger, nourrir, vêtir, instruire et soigner, tant saine que malade, une pauvre jeune fille de ladite paroisse de Verfeuil, qui sera présentée par les sieurs curé et consuls, dudit lieu, voulant que les orphelines et les plus pauvres soient préférées à celles qui auraient des parents en état de les élever, et lorsque ladite jeune fille sera en état de gagner sa vie, aura atteint sa 16e ou 18° année, elle soit remplacée au choix desdits curé et consuls dudit Verfeuil, afin qu'il y ait un plus grand nombre de pauvres filles dudit lieu de Verfeuil qui puissent profiter de cet avantage, entendant qu'il y ait toujours, en tous tems et à perpétuité dans la susdite maison de charité, une pauvre fille de la paroisse dudit Verfeuil. Plus je lègue aux plus pauvres habitants de ladite paroisse de Verfeuil pour les soulager dans leurs misères, la somme de 100 livres, une fois payée sur mon héritage après mon décès, voulant que le légat, de 6000 livres par moi fait au susdit hôpital, et de 3000 livres aussi par moi fait à la susdite maison de charité dudit Bagnols, ne puissent être employées en bâtiments, comme aussi que si lesdits légats aux charges et conditions que j'ai ci-dessus expliquées venaient à être répudiés ou autrement annulés, le montant desdits légats soit appliqué aux pauvres habitants de ladite paroisse de Verfeuil, et employé pour le soulagement perpétuel desdits pauvres infirmes et vieillards et pour l'éducation desdites pauvres filles de ladite paroisse de Verfeuil ; voulant encore que si les présentes dispositions ont besoin d'être homologuées en cour de parlement ou ailleurs, les frais desdites homologations soient fournis par mon héritier ci-après nommé.

« Plus je donne et lègue à Claude Daroussin demeurant audit Bagnols 1200 livres, en considération des soins qu'il s'est donné pour mes affaires.

« Plus je donne et lègue au nommé Lacroix mon valet de chambre, outre les gages qui pourraient lui être dûs et tous les habits dont il se sert, la somme de 300 livres.

« Plus..... au nommé Sabatier mon cocher outre gages et habits, 150 livres.

« Plus..... à la nommée Marie ma servante, outre gages 100 livres.

« Plus... à Messires Dagout de... frères, mes cousins, l'aîné seigneur d'Apailhargue, près Uzès, et le cadet officier de la marine, la somme de 12000 livres à chacun.

« Je nomme et j'institue mon héritier général et universel Messire Alexandre Hector de Latour de Gouvernet Verclauze, mon unique frère, chevalier de Saint-Louis, commandant pour le Roy au Pont-Beauvoisin, pour jouir et disposer de mon héritage à sa volonté, lui prohibant expressément la distraction de la carte de falcidie si elle pouvait avoir lieu, me flattant que mon dit frère et héritier, au souvenir duquel je me recommande, voudra bien contribuer de tout son pouvoir, à ce que les dispositions contenues dans mon présent testament, sortent leur plein et entier effet, déclarant que c'est ici mon dernier testament mystique et secret.

« FRANÇOIS HECTOR DE LATOUR GOUVERNET
VERCLAUZE DE PÉRISSOL. »

Une note des archives de la maison de charité de Bagnols, transmise par la bienveillance de Monsieur l'abbé Brun, aumônier de cette maison, nous déclare que Monsieur de Latour étant mort le 1er avril de l'année même de sa donation, son héritier Alexandre Hector de Latour, versa la somme le 17 mai par l'intermédiaire du sieur Claude Daroussin ; et la Charité reçut sur la présentation du curé et du consul de Verfeuil, la nommée Rose Gibert, qui jouit la première du legs de M. de Latour (1).

Pour mémoire, nous donnons ici l'extrait de l'acte de sépulture du bienfaiteur de Verfeuil, qui nous a été transmis par M. l'abbé Brun :

Le premier avril mil-sept-cent-soixante-huit, est mort muni des sacrements et âgé de cinquante-cinq ans, et le lendemain a été enterré dans la chapelle du Rosaire de l'église paroissiale (de Bagnols), noble François Hector de Latour de Verclause de Périssol, ancien capitaine de cavalerie et chevalier de l'ordre royal et militaire de Saint-Louis. Ont été témoins : Sébastien Jacquenet et Etienne Martichon.

BLANCHARD, curé.

(1) Quant au legs fait à l'hôpital en faveur des pauvres vieillards de Verfeuil, nous ignorons les noms de ceux qui en ont joui à partir de 1768.

Toutefois nous savons par le témoignage public des anciens du pays, qu'après 1830, il fut attribué à un vieillard nommé Pommier dit Voltigeur, et probablement aussi à un nommé Sauze.

Nous croyons pouvoir affirmer, que si ce double privilège n'a pas été réclamé pendant une si longue suite d'années, cela tient à certains préjugés de l'amour-propre ou d'un certain esprit d'indépendance.

Avant de nous occuper de l'administration du château de Verfeuil par son nouveau seigneur de Bruneau d'Ornac  Charles-Henri, de Saint-Marcel, nous allons donner la généalogie de la famille de ce seigneur depuis 1709 :

De Bruneau  d'Ornac Charles-Henri, baptisé le 14 août 1709, porta les litres de baron de Verfeuil (1765), seigneur de Saint-Marcel, les Aupiats, Cadignac, Artifel, Toupian, etc..... Il se maria trois fois. De son mariage avec Marie-Anne de Grosse-Tête d'Uzès, naquit Catherine Claire, qui épousa en janvier 1763, Ch. Lucretius de Plantin de Villeperdrix, du Pont-Saint-Esprit, et lui apporta en dot la seigneurie de Saint-Marcel. — Charles-Henri épousa en deuxièmes noces, vers l'an 1742, Anne de Becdelièvre, sœur de l'évêque de Nîmes. Elle mourut à Saint-Marcel le 18 décembre 1748, et laissa trois enfants : 1º Charles-Prudent, baptisé en janvier 1743; 2º Henri-François, baptisé le 9 décembre 1744. Il devint vicaire-général de Mgr de Becdelièvre, son oncle ; il fut prévôt de la cathédrale de Nîmes, membre de l'Académie du Gard, fondateur d'un prix de 3,000 livres à l'Académie, et après la Révolution, curé-doyen d'Uzès, où il mourut en septembre 1808. M. Vincent Laurent fit son éloge dans un discours lu dans la séance publique de l'Académie du Gard, le 18 décembre 1808. Ce discours fut imprimé. L'abbé d'Ornac avait fait sa première éducation sous les Jésuites de Lyon ; il fit ses études théologiques sous les Sulpiciens à Avignon. A 22 ans, il fut pourvu par le Roi d'un canonicat à Nîmes ; à 26 ans, il fut député à l'assemblée générale du clergé, d'où il revint gratifié d'une pension royale ; il parvint de bonne heure à la dignité d'archidiacre de son Chapitre et fut promu, l'année suivante, à celle de prévôt. Pendant la Révolution une de ses parentes, la célèbre Mᵐᵉ Viot, lui sauva la vie (éloge de l'abbé d'Ornac de Saint-Marcel, par M. Vincent Laurent) ; 3º le dernier enfant laissé par Anne fut Gabrielle-Anne, née le 18 décembre 1745, et mariée, vers l'an 1765 ou 1766, à Jean Pierre Le Noir.

La troisième femme de Charles-Henri fut une de Beauvoir du Roure. Elle ne laissa pas de postérité. Elle avait eu à Saint-Marcel un enfant qui mourut en naissant.

Charles Prudent, fils de Charles-Henri et d'Anne de Becdelièvre, naquit au château des Aupiats, où il fut ondoyé; il reçut le baptême le 14 janvier 1743, et eut pour parrain Mgr de Becdelièvre Charles-Prudent, son oncle, évêque de Nîmes. Il épousa, le 12 avril 1774, Thérèse-Pauline de Niel (de Bollène), et mourut à Verfeuil à l'âge de 60 ans, le 20 mai 1803. De ce mariage naquirent : 1° Charlotte-Prudente-Henriette, baptisée le 28 janvier 1775, ondoyée à Bagnols. Elle se maria à J.-B. Frédéric, vicomte de Brettes ; sa famille est représentée aujourd'hui par celle de M. de Lavalette, ex-ambassadeur et ministre sous Napoléon III ; 2° Henri-Gabriel, ondoyé aux Aupiats et baptisé le 9 juillet 1778 ; 3° Charles-François-Henri, baptisé le 6 octobre 1779 ; 4° Jean-Pierre-Amédée, baptisé le 16 février 1781.

CHARLES HENRY DE BRUNEAU D'ORNAC DE SAINT-MARCEL, BARON DE VERFEUIL EN TOUTES JUSTICES, 1765-1776, ET MESSIRES VALETTE PÈRE ET FILS, SEIGNEURS DE VIGOUTRÈS, GREISSAC ET MOULIN-BÈS, COSEIGNEURS DE VERFEUIL, 1765-1835, ENVIRON.

### BRUNEAU D'ORNAC

Parti, au 1er d'argent à un lion de sable, lampassé et armé d'or, et le 2e de vair (voir d'Hozier, en 1692, folio 437).

Nous portons en tête des actes de l'administration en toutes justices, de Messire Henry de Bruneau d'Ornac, baron de Verfeuil, la rubrique des reconnaissances féodales à lui consenties par ses emphitéotes, en l'année 1769, devant Me Devès, notaire, selon la formule ci-inscrite :

« L'an mil sept cent soixante-neuf et le..... du mois de..... avant midi par devant Nous notaire royal soussigné, et en présence des témoins cy-après nommés, a été présent N....., lequel bien informé de son droit, a reconnu et confessé tenir, vouloir et devoir tenir en emphitéose perpétuelle, directe, seigneurie, droit de lauzer, investir, retenir par prélation, comis-conseil, avantage, et autres droits seigneuriaux, de haut et puissant seigneur Messire Charles Henry de Bruneau d'Ornac, chevalier, baron et seigneur en toutes justices de Verfeuil, etc., etc., etc..... Les pièces et propriétés suivantes consistant : 1º ..... contenant tant d'éminées, boisseaux, etc..... confrontant..... reconnues en faveur de Messire Alexandre de Latour de Gouvernet et dame Marie Martin de Joye, mariés, seigneur et dame dudit Verfeuil, par devant Nous notaire..... le... du mois de... 1656, sous la censive de tant de ledière, orge ou conségal`». — *Suit la table des emphitéotes par lettre alphabétique.*

TABLE ALPHABÉTIQUE DES EMPHITÉOTES

A

« Audabiac, hameau de Lussan... verso... page 449. Rubrique et formule spéciale, en vertu du droit par transaction, qu'avait le seigneur de donner des facultés dans ses bois, aux riverains, moyennant la redevance exprimée dans l'acte. »

RECONNAISSANCE DE M. CHASTANIER DU ROUX ET AUTRES

« L'an mil sept cent soixante-neuf, et le dix-septième jour du mois d'octobre, avant midi, par devant nous notaire royal soussigné, et en présence des témoins cy-après nommés, ont été présents, M. Antoine Chastanier, bachelier ez-droits, habitant du hameau du Roux, paroisse de Valcrose, représentant Daniel Camroux fils à Denys, suivant le droit à lui vendu et cédé par Jean Bouet et Elisabeth Giberte, successeurs de ces derniers, du hameau d'Audabiac, paroisse de Lussan, ainsy qu'il résulte de l'acte de vente

faite par lesdits Bouet et Giberte, mariés, à sieur Jean
Chastanier dudit lieu du Roux, devant Mᵉ David Chastanier, notaire, le 8 septembre 1659, sieur Jean Camroux,
bourgeois, autre Jean Camroux, maçon, François Camroux, fils de Joseph, autre François Camroux, fils
d'autre, François-Louis Camroux, fils de Jean, Pierre
Boisson, Claude Roux et Marie Boisson, veuve d'Auguste
Crouzet, fille et donataire contractuelle de Pierre Boisson, tous habitants dudit hameau d'Audabiac, faisant
tant pour eux, que pour Simon Fraix et Jean Bouet
dudit Audabiac, absens, lesquels bien informés de
leurs droits, ont reconnu et confessé tenir, vouloir et devoir tenir à emphitéose perpétuelle, directe, seigneurie,
droit de lauzer, retenir, investir par prélation, comis-
conseil, avantage et autres droits seigneuriaux, de haut
et puissant seigneur Messire Charles Henry de Bruneau
d'Ornac, chevalier, baron seigneur en toutes justices
de Verfeuil et son mandement, seigneur de Saint-Marcel-de-Careyret, les Aupiats, Cadignac, Artiffel, Valsauve, Toupian, Berben et autres places, résidant en
son château des Aupiats, absent, Nous dit notaire pour
ledit seigneur, stipulant et acceptant, en vertu de la
procuration duement collationnée, savoir est, le droit
d'entrée dans la juridiction dudit Verfeuil, et celui de
faire dépaître et abreuver leur bétail gros et menu dans
ladite juridiction, suivant les termes portés par la
transaction sur ce passée devant Mᵉ Ruphi, notaire, le
24 avril 1522, les susdits droits reconnus en faveur de
Messire Alexandre de Latour de Gouvernet, seigneur
dudit Verfeuil, par Pierre Chapellier, Antoine Abeille,
pour et au nom de Jacques Camroux, son beau-frère,
Jean Camroux fils à Simon, autre Jean Camroux fils à
Vidal, autre Jean Camroux fils de Pierre, Jean Camroux,

fils de Louis, Jean Camroux, Louis Roux fils de Claude, Simon Camroux, Jacques Larnac, Jacques Peiret mari de Marie Camroux, Marie Camroux et Jean Camroux fils à Bernard, le 27 février 1640, devant Me David Chastanier, notaire, et auparavant en faveur de noble Louis de Martin, seigneur dudit Verfeuil, par François Laurent, Bernard Jacques et Guinet Camroux, Firmin Camp, Antoinette Roussière, veuve de Louis Camroux, et Jean Souchon du mas d'Audabiac, le 19 janvier 1578, dudit Me Monnier, notaire de Bagnols, sous la censive d'une livre cinq sols tournois, et généralement ont reconnu tous les droits et possessions qu'ils ont dans la juridiction dudit Verfeuil, promettant lesdits reconnaissants, tant pour eux que pour lesdits Fraix et Bouet, absens, d'être bons emphitéotes, ni vendre, ni transporter les susdits droits ez-mains de droit prohibées ; les reconnaître toutes les fois qu'ils en seront requis ; payer solidairement la susdite censive, d'une livre cinq sols, annuellement et à perpétuité, au jour et fête de Saint-Michel, et la porter audit seigneur, et aux siens, dans son château audit Verfeuil, le tout à peine de commise et de consolidation de l'utile avec la directe, sans préjudice de tous les arrérages de ladite censive, que lesdits reconnaissants ont promis de payer solidairement, de même que le droit de la présente reconnaissance, et tout ce qui y a rapport, sous l'obligation de tous leurs biens, qu'ont soumis aux rigueurs des cours de Messire le sénéchal et présidial, aux faits des conventions royaux de Nismes, et leurs ordres. Fait et récité au château de Verfeuil, présents sieur Pierre Ginoux, géomètre du lieu de Rivières, et Louis Védrine de la paroisse de Verfeuil, demeurant dans celle de Cavillargues, signés avec lesdits sieurs Chastanier, Jean

Louis et François Camroux, les autres reconnaissants illettrés, comme on dit de ce requis, et nous Jean Pierre Herbeur Devès, notaire royal, résidant dans la paroisse de Saint-Marcel-de-Careyret, requis et soussigné. Camroux, Camroux, Chastanier, Camroux, Védrine, Ginoux, Devès notaire, signés à l'original. Cotté à Bagnols, le 17 janvier 1770, reçu six sols six deniers, avoir pour les commis signé à l'original.

« *Collationné sur l'original.*

« Devès, notaire. »

### B

| | | |
|---|---|---|
| Blanchard Pierre, de Verfeuil. | 36 | 37 pièces reconnues |
| Blanchard Joseph, de Verfeuil. | 49 | 57 pièces |
| Broche Louis, de Verfeuil. | 96 | 16 pièces |
| Brahic Marguerite, veuve Taurel, de Verfeuil. | 112 | 12 pièces |
| Brezun Pierre, de Verfeuil. | 133 | 5 pièces |
| Broche G., du mas de Montèze. | 227-553 | 45 pièces |
| Broche C., sa vᵉ Marg. Othou, du mas de Mouton. | 342 | 9 pièces |
| Blanchard P., juge à la Roque. | 344 | 75 terroir de Verfeuil, moulas |
| Bouchon Jacques, de Gaussargues. | 421 | 1 pièce |
| Broche Antoine, de Collongres. | 456 | 11 pièces |
| Broche Jean, de Collongres. | 565 | 11 pièces |
| Borrelly Jean, de Saint-Gelly-de-Cornillon. | 575 | 3 pièces |

### C

| | | |
|---|---|---|
| Couderie Antoine, de Verfeuil. | 100 | 23 pièces |
| Charre François, de Verfeuil. | 153 | 24 pièces |
| Combe François, de Verfeuil. | 176 | 5 pièces |
| Chazel Simon, de Verfeuil. | 195 | 10 pièces |
| Camp Simon, sa vᵉ Jeanne Roussière, de Montèze. | 209 | 9 pièces |
| Coste Estienne, mari d'Elisabeth Chabrier, de Montèze. | 256-527 | 34 p. + 9 du nu. 527 |
| Coste Joseph, mari de Marianne Chabrier, de Montèze. | 265-508 | 6 p. + 5 du nu. 508 |
| Coste François, de Moutèze. | 280-551 | 9 p. + 3 du nu. 551 |
| Coste Jean, de Verfeuil. | 282-533 | 9 p. + 2 du nu. 533 |
| Cade Jean, broquier, de Montèze. | 284 539 | 18 p. + 10 du nu. 539 |
| Cade Joseph, de Montèze. | 296-563 | 2 p. + 3 du nu. 562 |

| | | |
|---|---|---|
| Sr **Cassan** J.-F de Maransan Bagnols, du mas de Mouton. | 308-572 | 70 p. + 1 du nu. 572 |
| **Chazel** G., du mas de Mouton. | 338-534 | 11 p. + 1 du nu. 534 |
| **Cassan** Jean, du mas de Mouton. | 408 | 23 pièces |
| Sr **Camroux**, de Vendras. | 423 | 1 pièce |
| **Charousset** E., de Gaussargues. | 433 | 10 pièces |
| Sr **Chastanier**, beau-fils Rouvergat, de Gaussargues. | 452 | 1 pièce |
| Sr **Chastanier**, du Roux, paroisse de Valcrose. | 449 | mêmes que ceux d'Audabiac. |
| **Combe** Estienne, de Collongres. | 490 | 5 pièces |
| **Chabrier** F., de Gaussargues. | 441-524 | 4 pièces |
| **Chapel** Vidal, de Verfeuil. | 109 | 10 pièces |
| Sr **Chastanier** Louis, de Lussan. | 504 | 7 p. terroir de Verfeuil. |

<h2 style="text-align:center">D</h2>

| | | |
|---|---|---|
| Sr **Dupiat** François, de Verfeuil. | 17 | 79 pièces |
| **Dupiat**, fils d'Estienne, de Verfeuil. | 69-524 | 26 p. + 2 du nu. 524 |
| **Dizier** Pierre, de Verfeuil. | 136 | 9 pièces |

<h2 style="text-align:center">F</h2>

| | | |
|---|---|---|
| **Frac** Estienne, de Verfeuil. | 4-522 | 55 p. + 3 du nu. 522 |
| **Frac** Jean jeune, de Verfeuil. | 183 | 14 pièces. |
| **Fontanille** Claude, de Montèze. | 268-511 | 22 p. + 2 du nu. 511 |
| **Frac** Joseph, du mas de Mouton. | 323-537 | 49 p. + 1 du nu. 537 |
| **Frac** Antoine, du mas de Mouton. | 332 | 35 pièces |
| **Fontanille** Jean-Baptiste, de Montèze, du mas Pradines. | 420-557 | 1 p. + 4 du nu. 557 |
| **Frac** Jacques, de Gaussargues. | 436-517 | 7 p. + 2 du nu. 517 |
| **Frac** François, de Gaussargues. | 446 | 12 pièces |

<h2 style="text-align:center">G</h2>

| | | |
|---|---|---|
| **Granier** Privat, ou Chapel, sa femme, de Verfeuil. | 178 | 9 pièces |
| **Guibert** Marie, de Verfeuil. | 188 | 12 pièces |
| **Gourret** André, de Montèze. | 262-573 | 9 p. + 3 du nu. 573 |
| **Gilles** Joseph, de Gaussargues. | 368 | 12 pièces |
| **Gilles** Pierre, du mas de Moulas. | 406 | 2 pièces |
| Sr **Gibert** Jean, de Fontaresche. | 424 | 1 p. terroir de Verfeuil. |
| **Guiraud** Joseph, de Collongres. | 454 | 8 pièces |
| **Guiraud** Pierre. | 452 | 17 pièces |
| **Guiraud** Estienne, de Collongres. | 443-515 | 9 pièces |

## L

| | | |
|---|---|---|
| De Laville François jeune, de Gaussargues. | 431 | 2 pièces |
| De Laville François vieux, de Gaussargues. | 443-516 | 9 pièces |

## M

| | | |
|---|---|---|
| Mégier Jean, du mas de Mouton, habitant le mas d'Orengue. | 45-362 | 22 p. + 31 du nu. 362 |
| Mouton Jacques jeune, de Verfeuil. | 62-526 | 26 p. + 1 du nu. 526 |
| Mouton Jacques v., de Verfeuil. | 84-507 | 28 p. + 1 du nu. 507 |
| Montfrès Joseph, de Verfeuil. | 90 | 22 pièces |
| Massot Joseph, de Verfeuil. | 122 | 13 pièces |
| Manifacier Pierre, de Verfeuil. | 130 | 5 pièces |
| Marcel Pierre, de Verfeuil. | 146 | 34 pièces |
| Maurensac Pierre, de Verfeuil. | 198 | 3 pièces |
| S. Michel Simon, de Montèze. | 218-529 | 50 p. + 13 du nu. 529 |
| Marcel Paul, de Montèze. | 277-536 | 9 p. + 1 du nu. 536 |
| Sʳ Mégier, de Bagnols, propriétés du mas du Mouton. | 298 | 48 pièces |
| Mégier J., dit de la Frizade, mas de Mouton, habitant le Moulas. | 340 | 5 pièces |

## N

| | | |
|---|---|---|
| Nebout-Antoine ou sa veuve, mas du Moulas. | 384 | 15 pièces |

## O

| | | |
|---|---|---|
| Othon François ou sa veuve, de Verfeuil. | 173 | 8 pièces |

## P

| | | |
|---|---|---|
| Pommier Guilhaume, de Verfeuil. | 116 | 6 pièces |
| Prade Marc, de Verfeuil. | 119 | 10 pièces |
| Prade J., dit Gebelin, de Verfeuil. | 181 | 4 pièces |
| Prade Vidal, de Verfeuil. | 194 | 2 pièces |
| Privat F. ou Prade Gabrielle, sa veuve, de Montèze. | 272-541 | 20 p. + 5 du nu. 541 |
| Pascal Jean de Labruguière, terroir de Verfeuil. | 288-570 | 9 p. + 2 du nu. 570 |
| Prade Claude, mas de Mouton. | 388 | 14 pièces |
| Pical Magdeleine, mas du Moulas. | 399 | 29 pièces |
| Prade Mathieu, de Gaussargues. | 439 | 2 pièces |
| Peytaud Pierre, de Collongres. | 483 | 30 pièces |

## Q

| | | |
|---|---|---|
| Quittard Jean, dit Coucoulet, à Pignadouresse. | 371 | 21 pièces |
| Quittard Jean, dit Bourgeois, du mas de Mouton. | 394 | 18 pièces |

## R

| | | |
|---|---|---|
| Robert Jean, de Verfeuil. | 105-546 | 15 p. + 1 du nu. 546 |
| Robert Louis, de Verfeuil. | 155-513 | 38 p. + 1 du nu. 513 |
| Roux Antoine, de Verfeuil. | 167 | 12 pièces |
| Robert Simon, de Faveyrolles. | 191 | 5 pièces |
| Reboul Barthélemy, de Verfeuil. | 200 | 6 pièces |
| Robert Jean de Belvezet, dit le Maréchal, terroir de Verfeuil. | 202 | 8 pièces |
| Robert Ant., du mas de Mouton. | 317 | 44 pièces |
| Roussière F., de Gaussagues. | 424-519 | 7 p. + 1 du nu. 519 |
| M⁰ Rigaud, vicaire de Verfeuil. | 1 | 10 pièces |
| Roux Pierre, du mas de Montèze. | 238-543 | 38 p. + 8 du nu. 543 |
| Robert Joseph, de Montèze. | 247-558 | 50 p. + 8 du nu. 558 |
| Roman Antoine, de Toupian, terroir de Verfeuil. | 568 | 2 pièces |

## S

| | | |
|---|---|---|
| Senouillet ou sa veuve, de Verfeuil. | 75 | 26 pièces |
| Serre Honoré, maçon, Verfeuil | 81 | 12 pièces |
| Serre André, vieux Verfeuil. | 127 | 13 pièces |
| Sabatier Antoine, Verfeuil. | 140 | 15 pièces |
| Sabatier Jean-Baliste, Verfeuil. | 143 | 4 pièces |
| Serre Jean, de Verfeuil. | 204 | 17 pièces |
| Serre Pierre, de Montèze. | 212-566 | 28 p. + 6 du nu. 566 |
| Serre André jeune, de Montèze. | 417-561 | 11 p. + 2 du nu. 561 |
| Sauvet Jacques, de Greissac. | 576 | 11 p. Clap. et mas Crémat. |

## T

| | | |
|---|---|---|
| Tressol Marie, de Montèze. | 135 | 2 pièces |
| Talon Antoine, de Verfeuil. | 171 | 3 pièces |
| Tessier J.-François, de Montèze. | 290-547 | 25 p. + 7 du nu. 547 |
| Taulelle Louis, du mas de Mouton. | 391 | 7 pièces |
| Tressol Antoine ou sa veuve, de Montèze. | 427-549 | 12 p. + 5 du nu. 249 |
| Tressol Claude, de Collongres. | 469 | 9 pièces |
| Taulelle J.-B. ou ses hoirs, Simon et Elisabeth, frère et sœur, de Montèze. | 493-580 | 48 p. + 5 du nu. 580 |

V

| Védrine Jean, du Bousquet. | 460 | 16 pièces |
| Védrine Louis, de Verfeuil. | 564 | 2 pièces |

A ces diverses reconnaissances, simplement catalo-
guées, nous allons joindre la reconnaissance suivante
dans toute sa teneur, comme témoignage des droits
réservés des coseigneurs de Verfeuil, sieurs Valette
père et fils :

« L'an mil sept cent soixante-neuf et le quatorzième
jour du mois d'aoust après midy par devant nous notaire royal soussigné, a été présent Antoine Roman,
du mas de Toupian, paroisse de Verfeuil, lequel bien
informé de son droit a reconnu et confessé tenir, vouloir et devoir tenir en emphitéose perpétuelle, par prélation, commis-conseil, avantage et autres droits et
devoirs seigneuriaux de haut et puissant seigneur Messire Charles-Henry de Bruneau d'Ornac, chevalier,
baron et seigneur de Verfeuil, seigneur de Saint-Marcel-de-Careyret, les Aupiats, Cadignac, Artiffel, Valsauve, Toupian, Berben et autres places, et de Messires
Antoine Valette père et fils, seigneurs en toutes justices
de Vigoutrès, Greissac, Moulin Bès et leurs dépendances dans la paroisse de Verfeuil, comme ayant le
droit de Messire François-Hector de Latour Gouvernet
Verclause, résidants à la ville du Pont-Saint-Esprit,
absens, nous dit notaire pour lesdits seigneurs stipulant et acceptant en vertu de leurs procurations duement controllées, les pièces et propriétés suivantes
consistant, premièrement une terre à Clapeiret, contenant une salmée six eymines, confrontant du levant le
sieur Sauvet, du couchant la rivière de Guilhon, de
bise sieur Jean Frac, du marin Jean Coste de Toupian,

reconnue à Messire Alexandre de Latour Gouvernet et dame Marie Martin de Joye, mariés, seigneur et dame dudit Verfeuil, par Simon Taradel, devant M⁰ Odol, notaire, le 24 avril 1656, sous la censive de deux boisseaux orge. — Plus autre terre audit quartier contenant une eymine sept boisseaux, confrontant du levant Messire Valette ravin entre d'eux, du couchant faisant pointe la rivière de Guilhon et ledit Sauvet, de bise les hoirs de Baptiste Taulelle, et du marin Jéan Borrelly reconnue auxdits seigneurs et dame par Jean Camroux, le 5ᵉ mars de ladite année devant ledit Mᶜ Odol, sous la censive de deux deniers, lesquelles deux reconnaissances ci-dessus énoncées, et généralement a reconnu tout ce qu'il possède dans les justices desdits seigneurs dans la partie de la terre de Verfeuil, qui est bornée du côté du couchant par le ruisseau de Cuègne, demeurant réservé audit seigneur baron de Verfeuil de se faire reconnaître en son propre, tout ce qui se trouve au couchant dudit ruisseau, toutes lesquelles pièces ci-dessus reconnues, dénombrées et confrontées, ledit Roman Antoine reconnaissant, a promis pour lui et les siens méliorer et non détériorer, vendre ou transporter ez-mains de droit prohibées, de les reconnaître et dénombrer lorsqu'il en sera requis, d'être bon emphitéote, payer les susdites censives belles et marchandes, annuellement au jour et fête de Saint-Michel, et les porter, savoir, la moitié concernant ledit seigneur baron de Verfeuil, dans le château dudit lieu, et la moitié concernant lesdits sieurs Valette audit lieu de Vigoutrès, le tout à peine de commise et de consolidation de l'utile avec la directe, sans préjudice de tous les arrérages des censives, droit de champart ou portion des fruits, lods et autres droits seigneuriaux que ledit Reconnaissant sera tenu de payer avec les droits de la présente reconnaissance, et ce qui y a rapport, sous l'obligation de tous ses biens qu'a soumis aux rigueurs des cours de M. le Sénéchal et Présidial au fait des conventions royaux de Nismes et ses ordinaires. Fait et recitté au château de Verfeuil, présens sieur Pierre Ginoux féodiste du lieu de Rivières, et sieur François Dupiat du lieu de Verfeuil signés, ledit reconnaissant illitéré comme a dit de ce requis, et nous Jean Pierre Herbuer Devès, notaire royal résidant dans la paroisse de Saint-Marcel-de-Careiret, requis et soussigné.

« GINOUX, DUPIAT, DEVÈS, notaire.

« Controllé à Bagnols le 4 novembre 1769, r. six sols six deniers.

« Collationné, DEVÈS. »

Comme les seigneurs de Beaufort et de Latour Gouvernet, les d'Ornac devenus seigneurs de Verfeuil, devaient être soumis à des réclames de la part de la communauté de Verfeuil, et à des instances judiciaires, à propos des bois situés sur le terroir de cette commune. C'est pourquoi, nous allons avoir à relater requêtes sur requêtes, assignations sur assignations entre les barons et la communauté, jusqu'au jour où le dernier baron se faisant judiciairement régler les droits seigneuriaux, vendra ses propriétés en majeure partie, laissant la communauté aux prises avec les ex-nouveaux redevanciers, pour le cinquième, et les lots indivis dont la propriété devrait être la compensation de leurs droits usagers, *ou facultés*, abolis dans le *cantonnement* des bois du seigneur.

Nous prions nos lecteurs de ne pas trouver insipide

la reproduction textuelle de ces requêtes et assignations réciproques entre le seigneur et la communauté. Mieux qu'un simple résumé, ces divers actes leur feront comprendre l'état de cette question de procédure interminable, entre les parties intéressées.

REQUÊTE POUR MESSIRE CHARLES HENRY DE BRUNEAU D'ORNAC, CHEVALIER ET SEIGNEUR DE VERFEUIL, DIOCÈZE D'UZÈS, A MONSEIGNEUR DE SAINT-PRIEST, INTENDANT DE LA PROVINCE DU LANGUEDOC, CONTRE LES CONSULS DE VERFEUIL (1773, 30 septembre).

*« A Monseigneur le vicomte de Saint-Priest, intendant de la province du Languedoc.*

« Supplie humblement Messire Charles Henry d'Ornac, chevalier, baron et seigneur de Verfeuil et autres places et vous remontre qu'en consequence de vôtre ordonnance du 20 avril 1773, il a remis conjointement avec Messire Valette, seigneur en toute justice de Greissac, Vigoutrès, Bès et leurs dépendances, dans le taillable dudit Verfeuil, à MM. Aguier père et Aldebert, avocat au conseil supérieur à Nismes, choisis et nommés par Vôtre Grandeur pour décider si les consuls dudit Verfeuil étaient fondés dans le procès qu'ils avaient intenté sans vôtre permission, tous les actes nécessaires pour établir qu'ils sont aussi mal fondés dans la forme qu'au fond; mais lesdits consuls bien loin de satisfaire à cette ordonnance comme ils en ont été sommés, et de donner en détail la remise de leurs prétendus actes et titres, vous ont présenté requête, le 1ᵉʳ juillet 1773, avec une consultation qu'ils ont surprise de Mᵉ Granier, avocat, pour demander qu'il leur fut permis de plaider devant la cour des aydes contre le suppliant, etc... Ce qui leur a été accordé avec la permission d'emprunt de 150 livres pour fournir aux frais. Dans une autre requête du 4 août dernier, lesdits consuls n'ont pas craint d'en imposer à Vôtre Grandeur en luy exposant que le suppliant et Messire Valette leur avait fait proposer de finir et terminer amiablement leurs différents, et ils vous ont demendé la permission d'envoyer un député et d'emprunter les sommes nécessaires. Par vôtre ordonnance dudit jour, vous leur avez permis de faire régler par des avocats nommés par la communauté et les seigneurs, leurs droits respectifs, permis la députation et l'emprunt d'une somme de deux cens livres, pour fournir aux frais.

« En vertu de ces ordonnances lesdits consuls sans avoir invité les habitants forains qui sont principaux taillables, prirent une délibération le 8 dudit mois d'août, dans une assemblée composée seulement de trois habitants, pour nommer ceux qui devaient faire l'avance de ladite somme de 150 livres, et les délibérans bien loin de se nommer eux-mêmes, choisirent cinq habitants forains ou absens, pour faire ladite avance.

« Par une délibération du 24 dudit mois d'août, prise dans une assemblée de quatre habitants, il fut nommé des avocats à Nismes et à Montpellier, pour procéder à l'accommodement que lesdits consuls ont imaginé, ils députèrent Broche dit Mourelet, garde terre dudit Verfeuil, personnage discuté, qui est le moteur de cette affaire, et qui malgré sa simplicité est le conseil des séditieux, pour se rendre en lesdites villes de Nismes et de Montpellier, auprès des avocats, à l'effet de porter les titres et mémoire de la communauté, leur donner les éclaircissements necéssaires, etc... et on nomma

les habitans qui devaient faire l'avance de la somme
de deux cens livres pour fournir aux frais de cette
députation et de ce prétendu accommodement.

« Lesdits consuls ont ensuite fait signifier vos ordonnances et leur délibération le 3 de ce mois, tant au suppliant qu'audit sieur Valette et à plusieurs desnommés,
pour faire l'avance des susdites sommes, ce qui est
évidemment contraire aux intérêts de la communauté,
parce que les consuls ne doivent pas emprunter tout
à la fois, et pour faire supporter inutilement des intérêts pour plaider, et pour fournir aux frais d'un
accommodement. Le suppliant n'a vu qu'avec indignation que les démarches desdits consuls, des députés et
les délibérans, presque tous discutés, ou à la veille de
l'être, ne tendaient qu'à en imposer à Vôtre Grandeur,
à dissiper l'argent de la communauté, ou à se l'appli-
quer ; et comme il est de l'intérêt du suppliant et dudit
sieur Valette, que leurs vassaux ne soient pas la dupe
de quatre ou cinq ignorants mal intentionnés, le suppliant a cru devoir s'adresser à Vôtre Grandeur, pour
luy exposer que toutes les délibérations auxquelles les
habitans forains ou leur sindic, n'ont point été invités,
sont nulles, suivant les arrêts du conseil du 6 mars
1738, et les arrêts de la cour des aydes du 30 août 1756,
et 18 septembre 1761. Qu'il est faux que le suppliant
ni le sieur Valette aient jamais proposé aucun accommodement auxdits consuls ; que leurs droits respectifs
sont réglés par des arrêts clairs et précis, et par des
transactions qui ont leur exécution depuis plus d'un
siècle; et que le suppliant tolère même bien des choses
qu'il serait en droit de faire réformer ; qu'ainsy c'est
en vain qu'ils délibèrent, qu'ils disputent et qu'ils em-
pruntent pour parvenir à un accommodement auquel

le suppliant n'a jamais consenti ; 3° qu'il est également faux et supposé que le suppliant jouisse comme noble, de biens ruraux alliviés et cottisés dans les anciens compoix, sur la tête de différents particuliers. Le suppliant n'ignore pas que si le fait était établi, et qu'il ne rapportat point d'annale dudit cas, ou de quelque inféodation d'acte de déguerpissement requis par l'art. 34 de la déclaration de 1684, il ne dût la taille desdits fonds, mais quoiqu'il ait acquis cette terre depuis peu, il est presqu'assuré que les habitans sont hors d'état de justifier que le suppliant possède aujourd'hui comme noble des fonds compris dans les anciens compoix, ou inféodés, ou que l'existence de ce compoix est des plus chimériques ; 4° que les consuls ne doivent pas lever sur les vassaux des sommes considérables pour fournir, en même temps aux frais d'un procès mal fondé, et d'un accommodement sur le même objet, parce que, quand même ils seraient fondés dans leurs procès, il serait inutile d'emprunter pour plaider, si l'accommodement n'était pas supposé, puisque le procès serait incompatible avec l'accommodement, et ne saurait avoir lieu en même temps ; enfin, 5° que le suppliant et ledit sieur Valette ne doivent pas souffrir que la communauté s'engage mal à propos, dans de mauvaises contestations ; qu'ils sont très disposés à rendre à leurs vassaux toute la justice qui peut leur être dûe, mais qu'ils doivent par impréalable leur faire connaître les titres et les actes sur lesquels ils prétendent se fonder.

« A ces causes, il vous plaira, Monseigneur, ordonner :

« 1° Que les consuls dudit Verfeuil seront tenus de se conformer dans leurs délibérations aux arrêts du conseil et déclaration du roy, arrêts de règlements et à à ceux rendus par la cour des aydes ; notamment d'inviter les habitans forains ou leur sindic, dans leurs délibérations à peine de nullité et de tous dépens, dommages et intérêts contre lesdits consuls personnellement, sous la réserve de demander cassation des différentes délibérations ci-devant prises par les contrevenans, et les vices dont elles sont infectées.

« 2° D'ordonner de plus fort, l'exécution de vôtre ordonnance du 20 avril 1773, ce faisant que lesdits consuls remettront, dans le délai de quinzaine à MM<sup>rs</sup> Aguier et Aldebert, avocats à Nismes, leurs prétendus titres, actes et mémoires, et qu'ils en dénonceront légalement en détail, la remise au suppliant.

« 3° Qu'il soit sursis aux ordonnances rendues par Vôtre Grandeur, et évidemment surprises par lesdits consuls, les 1<sup>er</sup> et 4 août derniers.

« 4° Faire défense auxdits consuls de lever en même temps sur les habitans en vertu des nominations par eux faites, et pour plaider, et pour fournir aux frais d'un prétendu accommodement, sur le même objet.

« 5° Enfin, que lesdits consuls soient tenus de communiquer, sur les lieux et légalement dans le délai de quinzaine, leurs prétendus compoix, actes et titres pour être examinés par le suppliant et ledit sieur Valette, qui s'en rapporteront ensuite très volontiers, sans frais et sans procès, sur le fait de la taille, à la décision de M<sup>e</sup> Granier, avocat, que lesdits consuls ont déjà consulté, et ferez justice.

« Reçu copie le 30 septembre 1773.

« CHAMAND. »     « Pour M<sup>e</sup> Rame : LATOUR.

Nous ne possédons pas, pour la reproduire textuellement, la réponse à la précédente requête, mais nous pouvons en présumer le sens et en pressentir l'insuffisance et la non-valeur, par la lecture de la requête suivante :

« *A Monseigneur le vicomte de Saint-Priest, intendant de la province du Languedoc.*

« Supplie humblement Messire Charles-Henry d'Ornac, baron de Verfeuil, seigneur de Saint-Marcel-de-Careiret, et autres places au diocèse d'Uzès, vous remontre en réponse à la requête qui vous a été présentée par lesdits consuls, par le ministère de M° Rame, leur procureur, et communiquée le 12 octobre 1773, que ladite requête desdits consuls est un véritable roman.

« 1° Le suppliant a remis à M°° Aguier père et Aldebert, avocats à Nismes, nommés par vôtre ordonnance du 20 avril dernier, toutes ses pièces, et en a dénoncé depuis longtemps la remise auxdits consuls, avec sommation de remettre leurs prétendus titres, actes et mémoires, et d'en déclarer légalement et en détail la remise, à quoy ils n'ont pas encore satisfait, ainsy que le suppliant vous l'a exposé dans sa précédente requête.

« 2° Les consuls sont d'autant plus de mauvaise foy qu'ils ont en même temps, pour constituer mal à propos la communauté en frais, retiré des fonds en vertu de leurs délibérations, ensuite de vos ordonnances citées dans la précédente requête du suppliant, quoiqu'elles fussent incompatibles, n'ayant pas dû, tout à la fois, emprunter pour fournir aux frais d'un prétendu accommodement, et pour plaider, ainsy que le suppliant l'a établi dans sa précédente requête.

« 3° Il est faux et très faux que lesdits consuls aient

convoqué le conseil de leur communauté en conformité des règlements, la preuve qu'ils ont contrevenu aux règlements est consignée dans leur délibération ; le suppliant l'a encore établi dans sa dernière requête. Du reste, il ignore les véritables raisons qui leur ont fait penser qu'un des principaux taillables voulut agir de manière à nuire à ses propres intérêts. C'est insulter tout à la fois au bon sens et à la raison. D'ailleurs, il ne compose pas seul les habitans forains qui sont les plus fort taillables.

« 4° Que le compoix allégué n'existe sans doute pas, puisque le suppliant a demandé qu'il fut exhibé, sans déplacer chez les consuls et autres habitans, et qu'on s'est toujours refusé à cette demande d'autant plus juste que le compoix de la communuauté est un titre commun à tous les habitants, et que le suppliant, ce qu'on ne contestera pas sans doute, est le plus fort taillable. Que si ce que les consuls allèguent est vrai, le suppliant *leur déclare qu'il ne fera aucune difficulté, et passera de suite condamnation,* que demeurant cette déclaration, il est évident que si lesdits consuls persistent à refuser l'exhibition du prétendu compoix chez un d'eux ou d'un principal habitant, sans déplacer, ils ne cherchent qu'à plaider pour avoir le plaisir de plaider et de multiplier les frais sans nécessité.

« Ce considéré, il vous plaira, Monseigneur, vu les requêtes respectives, adjuger au suppliant les fins et conclusions de la précédente requête. Ce faisant le recevoir bien opposant envers vôtre ordonnance du premier juillet dernier, en ordonner qu'il y sera sursis, et enjoindre auxdits consuls de dénoncer la remise du prétendu compoix qu'ils allèguent, chez un d'eux ou d'un principal habitant, pour y demeurer pendant quinzaine afin que le suppliant en puisse prendre vision, et des extraits si bon luy semble, sans le deplacer, sous l'offre qu'il fait de s'en tenir ensuite, sans frais et sans procès, à la décision de M° Granier, avocat de cette ville, que lesdits consuls ont déjà consulté, et condamner en outre lesdits consuls aux dépens et ferez justice.

« Reçu coppie, le 29 octobre 1773.

« RAME.    LATOUR. »

Les consuls, par une témérité d'entêtement inexplicable, voulurent absolument se lancer dans les voies judiciaires, en s'exposant à une grande responsabilité personnelle. Les lettres du roi, l'assignation et la saisie qui suivent, en témoignent hautement.

« 1773, 23 novembre. — Louis par la grâce de Dieu, roi de France et de Navarre aux juges des eaux et forêts de Villeneuve-de-Berg, avons l'humble supplique des consuls de la communauté de Verfeuil, qui nous a fait exposer, qu'à un procès que ladite communauté a pendant devant vous, contre Charles Bruneau d'Ornac, seigneur dudit Verfeuil, ce dernier oppose un prétendu avis arbitral et contraire à nôtre ordonnance de 1667. Elle voudrait en demander la cassation et déclaration de nullité et ce pour fraude, lézion, surprise qu'autres voyes et moyens de droit requérant sur ce nos lettres pour ce est-il que nous vous mandons aux parties ouies ou appelées, leur administrer bonne et briève justice, car tel est nôtre plaisir. Donné à Nismes le quinzième jour du mois de décembre, l'an de grâce 1773, et de nôtre règne le cinquante-neuvième, par le conseil,

Poussigues signé, referendaire n<sup>s</sup> Paradan signé. Rû
1 sol légal.

« Signé, scellé le 16 décembre 1773.

« Poussigues, signé. »

« L'an 1773 et le vingt-huitième jour du mois de décembre après midi, par moi Pierre Duchon huissier
receu aux ordres de Cornillon y hânt soussigné à la
requête des consuls et communauté du lieu de Verfeuil
où ils ont leur domicille, et pour lesquels M<sup>e</sup> Chambé
arbitre en la maîtrise des eaux et forêts de Villeneuve-
de-Berg continuera d'occuper. Les lettres royaux dont
copie est-ci-derrière, impétrées par les requérants en la
chancellerie près la cour du conseil supérieur de Nismes
en datte du 15<sup>e</sup> du courant, duement scellées, ont
été duement inhibées et signiffiées à messire Charles
Bruneau d'Ornac, seigneur de Saint-Marcel et dudit
Verfeuil, en parlant à un de ses domestiques, et en
vertu d'icelles, assignâon lui a esté donnée pour com-
paroir dans huit jours après cet exploit au siège de la
maîtrise des eaux et forêts de Villeneuve-de-Berg, pour
incidemment à l'instance y pendant entre lui, les requérants et M. le procureur du roy audit siège, voir inte-
riner lesdites lettres royaux. ce faisant procurer la cassation et déclaration de nullité du prétendu avis arbitral datté du 17 mars 1763, et signé par M<sup>es</sup> Albisson
et Aguier, arbitres qu'il y a produits ou qu'il se jacte
de produire, et ce fait voir adjuger à la communauté
dudit Verfeuil, les fins et conclusions qu'ils ont prises
contre lui, en ladite instance, et autres qu'ils aviseront
prendre, pendant le cours d'icelle, le tout avec dépens ;
et laissé copie, en foi de ce (15 et 18 décembre 1773).

« *Nota.* — Ces lettres furent impétrees, et l'assignation donnée, malgré l'avis du 23 novembre 1773, de M$^{es}$ Aguier et Albisson arbitres de Nismes, nommés par messire l'Intendant, et en contravention à l'ordonnance de Mgr l'Intendant du 20 avril précédent.

« Les consuls imprudents et trop-osés, furent victimes de leur témérité, c'est ce que nous prouve la saisie dont acte suit :

« 1774 — 21 novembre. »

SAISIE

« L'an mil sept cent soixante et quinze, et le vingt-unième jour du mois de novembre, après midi, à la requette de messire Charles d'Ornac, chevalier, baron de Verfeuil, seigneur de Saint-Marcel-de-Careyret, les Aupiats, Cadignac et autres places, résidant en son château des Aupiats ou yl a domicille, et pour vingt-quatre heures seulement en la maison et personne du sieur Senouillet chirurgien audit Verfeuil, certifie je Louis L'hermet huissier reçu en la maîtrise royalle des eaux et forêts de Villeneuve-de-Berg, résidant à Bagnols, accompagné de sieurs Claude Rocher et François Soullier, tous deux cavaliers de la maréchaussée de la résidence de ladite ville, que j'ai pris pour manifestes, tous hânts dudit Bagnols, et de Estienne Portal huissier aux ord$^{res}$ de Saint-Quentin, hânt au lieu de Carmes mandement de Sabran, que j'ay pris pour assistant, aussi soussigné ; et en vertu de l'ordonnance sur requette de Mgr l'Intendant de cette province, du 30 octobre dernier, rendue en contradictoire deffense, et du commandement fait en conséquence le 10$^e$ de ce mois aux consuls dudit Verfeuil, avoir fait itératif commandement aux consuls en domicille parlant à sieur Joseph Blanchard premier d'iceux, de payer et rembourser au seigneur baron de Verfeuil : 1° les frais exposés devant le siège de ladite maîtrise, comme il est porté par le rescent commandement ; 2° la somme de deux-cens trente-deux livres dont la condamnation est prononcée personnellement contre ledit, et sans espoir de répétition contre la communauté dudit Verfeuil, par rescent ord$^{re}$ pour les dépens des contestations portées devant ledit seigneur intendant, liquidés, susdite somme de deux-cens trente-deux livres, y compris les frais de consultations dont le rapport avait été ordonné, et ceux de la signiffication de la susdite ordonnance, et en outre les frais exécutifs, non compris ceux de la susdite signiffication; lesquels ont refusé, qu'a été cause que j'ay appelé leurs deux plus près voisins pour être présens à la saisie que je prétens faire sur leurs denrées, meubles et effets, lesquels n'ont voulu venir, ni dire leur nom, ni personne de ce enquis et requis ; et desuite, je suis rentré avec mes assistants et manifestes, dans la maison dudit sieur Blanchard premier des consuls, auquel j'ay pris, saisi, arrêté et mis sous la main du roy et de justice pour ladite somme de deux-cens-trente-deux livres, dont la condamnation est prononcée par le rescent ordre; et pour les frais exécutifs, sans préjudice des dépens exposés devant le siège de ladite maîtrise, et de tous les autres droits généralement quelconques du seigneur baron de Verfeuil, premièrement huit salmées bled tozelle mesure de Bagnols ; plus deux salmées bled conségal et finallement quatre émines bled pom melles, le tout mesure susdite, et pour éviter le déplacement desdits bleds et grains saisis, ledit sieur Blanchard a offert de s'en rendre lui-même, comme il s'en rend sequestre volontaire, le dépositaire de la justice,

pour les rendre, les représenter, lorsqu'il en sera requis
pour être vendus en la forme de l'ordonnance, et du
prix en provenant, ledit seigneur baron être payé et
remboursé, à peine d'y être contraint par les voyes de
droit et par le corps, et ainsy qu'il s'y oblige par l'exprès et l'avenir ; requis de signer, ce qu'il a fait avec
nous dit huissier, manifestes et assistans, ayans laissé
copie de tout ce dessus audit sieur Blanchard consul,
parlant à lui à domicile, tant pour lui que consorts, en
foy de ce,

« BLANCHARD, consul sequestre.

« Collationné à Bagnols, le 22 novembre 1774. 

« PORTAL, SOULLIER, ROCHER.
Solvit pour moy, manifestes
et assisants y compris la
directe, papier et copie,
trente-trois livres dix sols.

« L'HERMET. »

« Reçu seize sols trois
deniers.

« AVON. »

Cet exploit était bien de nature à faire réfléchir le
consul Blanchard et consorts. Aussi, les annales, à notre
connaissance, font-elles silence pendant environ deux
ans. Toutefois, ce silence n'était qu'un mystérieux sous-
entendu, pendant lequel les adversaires du baron, com-
plotaient ruses et moyens pour essayer de réparer leur
honteuse défaite. Et nous allons voir que, ni la fameuse
saisie opérée au détriment du sieur Joseph Blanchard,
premier consul, n'a pu corriger sa malheureuse obsti-
nation; ni la mort de messire Charles-Henry de Bruneau
d'Ornac, éteindre le litige depuis longtemps soulevé
entre la commune et le château. C'est pourquoi, nous

aurons encore, à partir de 1776, à faire subir à la patience de nos lecteurs, des requêtes avec assignations qui exposeront l'état de la question.


### CHARLES-PRUDENT D'ORNAC, BARON DE VERFEUIL, SEIGNEUR DE CADIGNAC ET AUTRES PLACES, 1776-1803

La seigneurie de Saint-Marcel appartenait à Messire d'Ornac, prieur de Saint-Marcel; il la donna à son neveu Charles-Henry de Bruneau d'Ornac qui se maria avec M^lle de Grosse-Tête d'Uzès ; et dans cette donation il fut spécifié que la terre de Saint-Marcel donnée par le prieur appartiendrait au premier enfant qui naîtrait de ce mariage. Ce fut une fille, qui épousa M. Plantin de Villeperdrix, et qui expulsa les d'Ornac du château de Saint-Marcel, dit les Aupiats. Deux fils survinrent d'un autre lit après la naissance de cette fille. L'un fut qualifié du titre de seigneur de Saint-Marcel ; c'est l'abbé d'Ornac dont nous avons déjà parlé dans la généalogie de sa famille. Son portrait existe, dans le château de Verfeuil, parmi les autres de la famille d'Ornac. Verfeuil était le séjour préféré de M. l'abbé de Saint-Marcel pendant ses vacances. Il avait dans le château, un appartement très bien meublé, à sa disposition. Comme nous l'avons déjà insinué dans l'article Panorama de Verfeuil, il avait en 1790 préparé les voies et moyens pour l'exécution d'un projet de canalisation des eaux de la fontaine d'Eurière, située au quartier de Perrières, terroir de Goudargues, en faveur du château et du village de Verfeuil. Les excès de la Révolution firent avorter cet utile projet.

L'autre fils, Charles-Prudent d'Ornac, fut qualifié du titre de baron et seigneur de Verfeuil, que messire Charles-Henry d'Ornac, coseigneur de Verfeuil à partir de l'année 1745, avait acquis en toutes justices en 1765

En héritant de la terre de Verfeuil, Charles-Prudent d'Ornac hérita des tracasseries locales, auxquelles son père avait été forcé d'opposer une résistance légale et correcte.

Voici la première pièce relative à ce grave motif, par laquelle nous inaugurons son règne, dans cette notice. Nous la citons textuellement :

SÉNÉCHAT. — INSTRUCTION DU PARQUET. — GIDE. — BOUSCHET

« Avril 1776. Instruction à Messieurs les gens du fisc en la cour de Messire le Sénéchal d'Uzès,

Pour Messire Charles-Prudent d'Ornac, baron de Verfeuil, seigneur de Cadignac et autres places,

Contre les consuls du lieu et communauté de Verfeuil,

La communauté de Verfeuil n'a, ni ne peut avoir aucune part dans cette instance. Elle ne doit, ni ne peut soutenir des délibérations qui n'ont pas été prises par le corps municipal.

Pour satisfaire aux règlements, la communauté de Verfeuil s'assembla le 9 mars 1773, devant Me Tronc, avocat juge de l'exposant, en conséquence d'une sommation du procureur fiscal, et procéda à la nomination des consuls et conseils politiques.

Le premier consul fut le sieur CHARRE, le deuxième le sieur ROBERT ; et voici la liste des conseillers politiques nommés par cette délibération :

Sieurs : Jacques MALIGNON.
   Simon MICHEL.
   Louis FRAC.
   Guilhaume BROCHE.
   Jean MÉGIER.
   André FRAC.
   Louis ROBERT.
   Joseph MONTFRÈS.
   Jean-Baptiste SABATIER.
   Louis POMMIER.
   Et François DELAVILLE.

Ces consuls et conseillers prêtèrent serment entre les mains du juge.

Le conseil politique ainsi formé, la communauté devait être administrée par lui, mais des esprits tracassiers ayant voulu intenter un procès au seigneur, Monseigneur l'Intendant, à qui ils demandèrent la permission de plaider, ordonna qu'ils rapporteraient une consultation de MM<sup>es</sup> Aguier et Aldebert, avocats à Nismes; cette consultation donnée avec pleine connaissance de cause, décida que la communauté était mal fondée.

Joseph Blanchard, ancien consul, désespéré de ne pouvoir satisfaire son envie de plaider et de tracasser son seigneur, prétendit que cette consultation avait été sollicitée par l'exposant; qu'elle était contre les règles, et Mgr l'Intendant eut la condescendance d'ordonner qu'on consulterait de nouveau, et nomma MM<sup>es</sup> Garnier Albisson et J. Albisson, avocats à Montpellier.

Ces trois avocats virent les différents mémoires, entendirent les députés de la communauté et le seigneur et décidèrent que la communauté n'était pas fondée à plaider.

Sur cela Mgr l'Intendant rendit ordonnance le 30 octobre 1774, qui défend à la communauté de plaider, et condamne Blanchard personnellement aux dépens, sans espoir de répétition.

Il semble après cela que l'exposant devait jouir paisiblement des bois qui avaient été déclarés lui appartenir par un avis arbitral donné en 1763, que les avocats consultés avaient déclaré être inattaquable.

Mais Blanchard n'en reste pas là; obligé de payer les dépens auquel il avait été condamné par Mgr l'Intendant, il voulait les faire retomber sur la communauté : mais pour cela, il fit dresser une délibération le 24 juin 1776, dans laquelle il expose ce qui a été cy dessus rapporté, et malgré que les menaces de Mgr l'Intendant y ressortent, la communauté, ou pour mieux dire, quelques habitans, la plupart insolvables, et ne faisant point partie du Corps municipal, délibérèrent qu'il ne serait pas juste, que pour avoir soutenu les intérêts de la communauté, avec le zèle le plus actif et le plus pieux, Blanchard fut en perte de 132 livres, à quoi se portent les dépens auxquels il a été condamné par Mgr l'Intendant, et qu'en conséquence, MM. les Commissaires seront suppliés de permettre l'imposition de cette somme.

On doit voir par cet article de la délibération, si ceux qui composaient dans ce moment le Conseil avaient bien à cœur les intérêts de la communauté.

Elle contient encore d'autres propositions non moins erronnées; mais voyons dans quelle forme elle fut prise.

D'abord, en contravention de tous les règlements municipaux, les juges de l'exposant ne furent point avertis, lors de cette délibération, et les points ne leur furent point communiqués : premier moyen de nullité.

Elle est présidée par un nommé Guilhaume Pommier qui n'a ni droit, ni qualité pour cela : deuxième moyen de nullité.

Ceux qui la composent ne sont point membres pour la plupart du Conseil politique, comme on va le voir :

Joseph Massot, l'un des délibérans, n'est point conseiller, comme on peut s'en convaincre, en lisant la délibération du 9 mars 1773.

François Authon n'est pas non plus conseiller politique, c'est un des plus misérables habitans de la communauté.

Pierre Marcel est dans le même cas.

Jean Lissière est un insolvable, ne payant point absolument de tailles, et n'étant point conseiller politique.

Idem pour Serre Honoré.

André Serre est un misérable qui enterre les morts et demande l'aumône.

Joseph Gontier est un étranger nouvellement marié à Verfeuil qui ne possède aucuns biens.

De quatorze habitans dont est composée cette délibération, six seulement avaient droit d'y assister : sçavoir, les deux consuls, Jean-Baptiste Sabatier, André Frac, Louis Robert et Joseph Montfrès, les autres devaient en être exclus : troisième moyen de nullité.

De onze conseillers dont est composé le Conseil politique de Verfeuil, quatre seulement ont été présens, les autres n'y ont pcint été appellés : quatrième moyen de nullité.

Enfin, cette délibération fut l'ouvrage des ténèbres, elle fut prise à une heure nocturne et fort avant dans la nuit : cinquième moyen de nullité.

Que ne dirions-nous pas sur cette délibération, si les

bornes de cet écrit nous permettaient d'en parcourir les dispositions.

Mais il nous suffit d'en avoir démontré les irrégularités, de les avoir mises sous les yeux de Messieurs les gens du fisc pour exciter leur ministère, et pour les mettre dans le cas de développer les principes qui condamnent la forme en laquelle cette délibération a été prise, et d'en réclamer l'exécution.

L'exposant vous remet, Messieurs : 1° l'extrait de la délibération du 9 mars 1773, qui forme le Conseil politique, sous cotte n° 5 ;

2° L'extrait de celle du 24 juin 1776 dont il réclame la cassation, cottée 1, n° 11 ;

3° L'assignation donnée aux consuls de la part de l'exposant, le 20 janvier 1775, cottée 1, n° 11 ;

4° La requette par lui présentée le 26 octobre 1776, en cassation de la délibération du 27 juin 1776, cottée n° 33 ;

5° Remet la dénonce de remise faite à Mᵉ Bouschet, procureur des adversaires, cottée n° 8.

Cette remise vous est faite, Messieurs, en exécution de deux appels rendus par la Cour, l'un le 30 mars 1775, l'autre le 9 novembre 1776.

Pour éloigner la cassation demandée par l'exposant, le procureur des consuls avait opposé une litispendance mais il n'a rien communiqué qui la justifie ; ainsi l'exposant se flatte que sans y avoir égard, vous conclurez, Messieurs, à la cassation de la délibération du 26 juin 1776, sans préjudice à l'exposant de demander la cassation des autres délibérations mentionnées dans son exploit introductif d'instance, et autres, prises en contradiction des règlements.

« GIDE. »

M. le baron de Verfeuil avait un ami, conseiller intègre, juge à la Roque, et son emphitéote pour 75 pièces considérables au hameau de Moulas, terroir de Verfeuil. C'était M. Blanchard Pierre, chef d'une noble et honorable famille dont un descendant, M. Anthime Blanchard, est mort à Nimes, directeur de l'enregistrement et des domaines. Le neveu de ce dernier, M. Léon Blanchard, est mort maire de Nimes (1).

M. le Baron ayant consulté M. Blanchard, en reçut la lettre suivante :

28 OCTOBRE 1778. — LETTRE DE M. BLANCHARD AU SUJET DE L'ASSIGNATION DONNÉE DERNIÈREMENT AU NOM D'ANTHOINE BOUSCHET, NOTAIRE.

« *Monsieur le Baron,*

« J'ai lu le sommaire de la délibération du 8 novembre 1772, il est certain qu'il ne faut pas regarder cette pièce comme un simple sindicat, mais bien comme une délibération tenue dans une assemblée générale, dans laquelle les consuls ont exposé et requis ; d'autant mieux, que les consuls et sindics y sont chargés de la faire autoriser par Mgr l'Intendant, d'où il suit que moyennant l'ordre de Mgr l'Intendant qui a fait défense de plaider, le sindic n'a plus de qualité, et que

(1) Trois filles de M. Anthime Blanchard sont mortes religieuses visitandines, une quatrième est religieuse du même ordre au monastère du Pont-Saint-Esprit, sous la direction de sa nièce, née Bonnet de Pailleretz, supérieure de ce monastère.

Mme veuve Bonnet de Pailleretz, née Amélie Blanchard, représente pieusement et honorablement cette famille, à Marvéjols (Lozère). Le fils aîné Elzéar Blanchard, premier commis de son père, mourut prématurément, célibataire, à Nimes.

celle de particulier, surtout s'il n'est pas taillable, ne
lui suffit point, etc., etc.

« Ma santé ne me permet pas trop de sortir, mais
en tout cas, je me flatte d'avoir l'honneur de vous avoir
lundi prochain à dîner, en attendant, rien n'empêche
qu'on exécute les projets de M. Tronc, soit pour l'assignation en garantie, soit pour la révocation desdites
délibérations.

« Je suis avec respect..... »

Environ six mois après le conseil de M⁰ Blanchard,
fut lancée la requête suivante :

REQUÊTE POUR MESSIRE CHARLES PRUDENT D'ORNAC, CHEVA-
LIER, BARON DE VERFEUIL ET AUTRES PLACES AU DIOCÈZE
D'UZÈS. — COMMUNIQUÉ A MESSIRE DE JOUBERT, LE 15
JUIN 1779.

« *A Monseigneur le vicomte de Saint-Priest,
intendant en Languedoc.*

« Supplie humblement, messire Charles Prudent
d'Ornac, chevalier, baron seigneur de Verfeuil et autres
places, au diocèze d'Uzès, sénéchaussée et viguerie
d'Uzès, vous remontre que quoique la communauté
dudit Verfeuil ait renfermé de tout temps une multitude de personnes notables, le conseil de la communauté n'est plus composé depuis quelques années, pour
la plus grande partie, que des moindres taillables et
des derniers habitans, qui dans leurs délibérations
frondent tous, les règles et exposent journellement la
communauté à des bévues ruineuses.

« Que par une suite de l'impéritie et du caprice de

pareils administrateurs, le père du suppliant, ancien
seigneur dudit Verfeuil, fut assigné le 14 mars 1772,
au nom des consuls et communauté dudit Verfeuil,
devant le siège de la maîtrise de Villeneuve-de-Berg,
en plusieurs fins toutes extravagantes.

« Le père du suppliant méprisa d'abord cette assignation, n'ayant pas pu imaginer que ce fut l'ouvrage de
la communauté ; mais ayant appris que les consuls,
de concert avec deux ou trois mutins y donnaient des
suites, dans la seule et unique vue de le tracasser, en
trahissant même les véritables intérêts de la communauté, il vous fut présenté requête pour vous exposer
les fausses démarches que faisaient les consuls, sans y
être autorisés par Votre Grandeur.

« Cette requête fut répondue d'une ordonnance de soit
communiqué, et après plusieurs requêtes respectives,
il intervint une ordonnance le 20 avril 1773, portant
que sur les actes et mémoires qui seront fournis par les
parties respectives, il sera pris une consultation de
M$^{es}$ Aguier père et Aldebert, avocats, de Nîmes, à l'effet
de faire connaître si la communauté est fondée dans
les demandes que les consuls ont formées devant le
M$^e$ Particulier des eaux et forêts, à raison dont il sagit,
et si au contraire, elle a intérêt à s'en tenir à l'avis
arbitral rendu le 17 mars 1763.

« Dans l'intervalle, les officiers de la maîtrise surpris
par de fausses allégations, firent une descente au lieu
de Verfeuil, et y firent prendre illégalement deux délibérations, les 8 et 12 novembre 1772, infectées de tous
les vices possibles, puisque la première contient nomination des sindics, ce qui est contraire aux règlemens,
et fut dictée dans une assemblée extraordinaire, nonobstant l'édit de novembre 1771, et déclaration du roy du

11 mai 1772, suivant lesquels on ne pouvait faire de pareilles assemblées que par votre permission, et que la seconde contenait nomination d'officiers municipaux en contravention aux règlemens, à l'article 9 de l'édit du mois de novembre 1771, qui prononce l'amende de 3.000 l. contre ceux des officiers élus qui en feront les fonctions.

« Cette dernière délibération nommait pour garde de la communauté aux gages ordinaires, Antoine Broche qui avait été élu pour sindic dans la première, ce qui formait de nouvelles contraventions aux règlemens.

« Cependant le père de l'exposant se borna à faire des actes aux consuls pour les sommer de remettre leurs pièces et mémoires à M⁰ˢ Aguier et Aldebert, avocats de Nimes, en exécution de votre ordonnance du 20 avril 1773. Les consuls éludèrent quelque tems, ils se déterminèrent enfin à remettre leurs pièces, et ces avocats après avoir ouï pendant plusieurs séances les députés, décidèrent par leur consultation du 23 novembre 1773, qu'il était plus avantageux pour la communauté de Verfeuil de s'en tenir à l'avis arbitral du 17 mars 1763, que de soutenir les conclusions que les consuls avaient prises devant le Mᵉ Particulier des eaux et forêts. Au lieu par les consuls de se conformer à cette consultation, par un entêtement peut-être sans exemple, ils s'avisèrent, toujours sans y être authorisés, de prendre des lettres de la chancellerie en appel de l'avis arbitral du 17 mars 1763, qui furent adressées devant le Mᵉ Particulier des eaux et forêts, ce qui était irrégulier et ridicule.

« D'un autre côté, ils vous présentèrent plusieurs requêtes pour obtenir la permission de prendre la consultation d'autres avocats, et par votre ordonnance du

27 avril 1774, il fut dit qu'il sera pris une nouvelle consultation de M^es Granier, Albisson et J. Albisson, avocats à Montpellier, et cependant il fait deffences aux consuls de continuer à plaider au procès dont il s'agit, au nom de la communauté, à peine d'en répondre en leurs propres et privés noms.

« Il fallut faire encore des actes aux consuls pour les obliger de remettre leurs pièces aux avocats de Montpellier, ces pièces ne furent remises que dans le mois de juillet 1774, et MM. les avocats, après avoir vu tous les actes des parties et ouï les députés, délibérèrent par leur consultation du 14 juillet 1774, *qu'il était de l'intérêt de la communauté d'abandonner les poursuites nulles et irrégulières, et à s'en tenir comme par le passé à l'avis arbitral du 17 mars 1763.*

« Cette décision n'étant pas conforme aux désirs des consuls et de leurs adhérents aussi ignorans les uns que les autres, ils vous donnèrent encore plusieurs requêtes.

« Rien de plus chicaneux ni de plus absurde que ces requêtes, surtout celles qu'ils communiquèrent le 31 août 1774, il fut facile au père du suppliant de démontrer que les consuls n'avaient agi et ne continuaient d'agir, que pour engager la Communauté dans un procès évidemment mal fondé, aussi par votre ordonnance du 30 octobre 1774, *sans avoir égard à leurs requêtes, et les en déboutant, ils furent déclarés personnellement responsables des dépens exposés au procès dont il s'agit avec deffence à eux et à tous autres de continuer à plaider audit procès, ils furent condamnés en outre personnellement et sans espoir de répétition contre la Communauté, aux dépens des contestations portées devant vous, qui furent liquidés à deux-cens-trente-deux livres, compris les fraix des consultations dont le rapport avait été par vous ordonné, et ceux de la signiffication de votre ordonnance.*

« D'un autre côté, le père du suppliant ayant été instruit que les consuls avaient poursuivi le 1er juillet 1773, une ordonnance qui leur permettait de se pourvoir à la cour des aydes sur le vu de l'extrait d'un compoix qu'ils ont toujours refusé de communiquer, vous présenta requête, pour qu'il fut enjoint auxdit consuls de faire la remise de ce compoix et de la dés noncer pour pouvoir en prendre vision, afin de s'en tenir ensuite sans fraix et sans procès à la décision de l'avocat consulté par les consuls.

« Tous autres que les consuls de Verfeuil se seraient sans doute rendus aux décisions solennelles qu'ils avaient eux-mêmes sollicitées, et se seraient empressés de communiquer ce compoix qu'ils avaient allégué, pour ensuite être procédé sans fraix qui devaient être à la charge de la communauté, comme le père du suppliant l'offrait, mais point du tout, lesdits consuls qui avaient été condamnés en grande connaissance de cause, aux dépens exposés, supposèrent une assemblée qui n'a jamais existé, pour faire supporter à la communauté les fraix auxquels ils avaient seuls donné lieu par leur opiniâtreté.

« Ils ont ensuite affecté par contravention aux règlemens en vigueur, et qui n'ont été méconnus qu'à Verfeuil, de faire élire pour premier consul, à l'avant-dernière élection, un illettré de la dernière classe, et de le remplacer à la dernière élection par un autre illettré, le maréchal-ferrant du village, et un des plus misérables taillables, et d'appeler aux assemblées qu'ils convoquent, pour prétendus conseillers politiques, pour la majeure partie, la lie des habitans.

« Pour rémédier à une partie de ces abus, le suppliant devenu seigneur dudit Verfeuil, a été obligé de poursuivre la cassation de certaines délibérations devant le sénéchal d'Uzès, d'où ressort la terre de Verfeuil.

« Le suppliant qui est en droit de demander généralement la cassation de toutes celles qui ont été prises depuis cinq ou six ans, a toujours été tellement porté ainsi que son père, à prévenir et à éviter autant qu'il lui a été possible toutes contestations avec les habitants et communauté dudit Verfeuil, qu'il a fait signifier aux consuls actuels, le 8 avril dernier, un acte pour leur rappeler ses dispositions pacifiques.

« Cet acte n'a rien opéré, par une suite de la rusticité et de l'entêtement de ces consuls et des prétendus conseillers politiques, pris dans la classe des moindres taillables et derniers habitants de la communauté.

« Le bon ordre exige qu'il soit mis enfin un terme à une administration si vicieuse, si abusive et si préjudiciable aux intérêts de la communauté, et à la tranquillité respective du seigneur et des habitans.

« Ce considéré, il vous plaira, Monseigneur, ordonner que dans la huitaine de la signification de l'ordonnance qui sera par vous rendue, les consuls actuels dudit Verfeuil seront tenus de convoquer pardevant le commissaire qu'il vous plaira de nommer et député, une assemblée de la communauté dudit Verfeuil, dans laquelle seront appelés les conseillers politiques, et en outre les vingt plus forts contribuables, ou tel autre nombre qu'il plaira à Vôtre Grandeur de fixer, pris d'après le résultat du rolle des tailles, habitans ou fo-

rains, pour délibérer sur toutes les affaires intéressant
la communauté, et sur le moyen de lui rendre une administration sage et éclairée, offrant le suppliant de
faire trouver un jour indiqué dans le château, ou dans
toute autre maison neutre, un de ses officiers de justice,
afin de donner à l'assemblée les éclaircissements dont
elle pourrait avoir besoin au sujet des ridicules procès
qui ont été intentés au suppliant au nom de la communauté, de ses consuls ou de ses prétendus sindics, pour
yceux retirer, et sur la délibération libre qui sera prise
dans cette assemblée devant le commissaire qu'il vous
plaira de commettre, être ensuite par vous ordonné et
statué ce qu'il appartiendra et ferez justice.

« CLARIS. »

« Vu la présente requette avec l'avis du sindic général de la province.

« Nous ordonnons que ladite requette sera communiquée aux consuls de ladite communauté pour y répondre dans la huitaine, en conséquence d'une délibération
du conseil politique ordinaire, devant le sieur Roussel,
subdélégué à Bagnols, lequel entendra les parties,
dressera sommairement procès-verbal de leurs dires et
contestations, s'assurera de la vérité des faits cohartés,
et donnera son avis sur lequel, le tout rapporté, il sera
statué ainsi qu'il appartiendra.

« Fait à Montpellier le 20 juillet 1779.

« M... »

« L'an mil sept cens septante neuf et le dix-huitième
jour du mois d'aoust, à la requête de messire Charles-
Prudent d'Ornac, chevalier, baron, seigneur de Verfeuil

et autres places, qui a domicille en son château dudit lieu de Verfeuil, par moy Jacques Petit, huissier reçû aux ordinaires de Saint-Marcel-de-Careyret y résidant, soussigné, la requette et ordonnance rendue sur icelle par Mgr l'Intendant, le vingtième juillet dernier, cy attachée, ont été intimées et signiffiées aux consuls et communauté du lieu de Verfeuil ; et en conséquence les ay sommés de faire assembler dans la huitaine le conseil ordinaire politique de ladite communauté pour délibérer et répondre sur le contenu en ladite requette, et ensuite de remettre la délibération contenant leur réponse à M. Roussel, subdélégué, à Bagnols, devant lequel ils pourront dire et produire tout ce qu'ils trouveront à propos ; lequel dressera sommairement procès-verbal des dires et contestations des parties, et s'assurer de la vérité des faits qui ont été ou seront cohartés ; et donner son avis, avec protestation de tout ce que de droit, en cas de refus de leur part de se conformer à ladite ordonnance, et afin que lesdits consuls ne l'ignorent, je leur ay laissé copie desdites requette et ordonnance, et présent exploit, parlant au sieur Sabatier, l'un desdits consuls pour tous trouvé en son domicille en foy de ce.

« Petit,

« Conseillé à Bagnols, le 18 aoust 1779.

« R. onze sols trois deniers.

« Avon. »

En conséquence de la requête, ordonnance et signification ci-dessus relatées, pour la solution desquelles M. Roussel avait été désigné comme subdélégué à Bagnols, les pièces suivantes furent soumises à son contrôle, comme documents propres à informer son jugement.

Nous citons ce dossier tel quel :

*État des pièces remises à M<sup>re</sup> Roussel, subdélégué à Bagnols.*

« 1º La requette et ordonnance de Mgr l'Intendant, du 20 juillet 1779 signiffiée aux consuls, nº 1.

« 2º Coppie de l'assignation donnée au seigneur de Verfeuil, au nom des consuls dudit lieu et du procureur du roy de la maîtrise le 15 mars 1772, nº 2.

« 3º Coppie d'avis arbitral de M<sup>es</sup> Aguier et Alizon, avocats, du 17 mars 1773, nº 3.

« Les délibérations prises devant les officiers de la maîtrise des 8 et 12 novembre 1773, sont au pouvoir des consuls.

« 4º Coppie de la consultation de M<sup>es</sup> Aguier et Aldebert, avocats, du 23 novembre 1773, nº 4.

« 5º Coppie des lettres en rescision de l'avis arbitral et assignation des 15 et 18 décembre 1773, nº 5.

« 6º Coppie de requette et de l'ordonnance de Mgr l'Intendant, du 27 avril 1774, nº 6.

« 7º Coppie de la consultation de M<sup>es</sup> Albisson, J. Albisson et Granier, avocats, du 14 juillet 1774 nº 7.

« 8º Requette du 29 octobre 1773 communiquée au procureur des consuls, nº 8.

« La délibération supposée et qui a été déclarée faussement fabriquée, du 7 novembre 1774, est au pouvoir des consuls, elle avait pour objet de faire payer par la communauté les dépens auxquels les consuls ont été personnellement condamnés sans espoir de répétition par l'ordonnance de Mgr l'Intendant du 30 octobre 1774.

« 9° Coppie d'autre délibération du 24 juin 1776 prise par des impéris et dont plusieurs non conseillers politiques, comme celle du 7 novembre 1774, pour confirmer la supposée, et faire supporter à la communauté les dépens auxquels les consuls avaient été personnellement condamnés, sans espoir de répétition par l'ordonnance de Mgr l'Intendant du 30 octobre 1774, dont coppie est aussi remise, le tout en deux pièces, n° 9 .

« 10° L'acte signiffié aux consuls le 8 avril 1779, n° 10.

« 11° La coppie de la délibération prise par la communauté de Verfeuil le 22 août 1779, n° 11 .

« 12° Enfin l'expédié de l'arrêt du Parlement, n° 12.

« Monsieur le subdélégué en se faisant remettre les délibérations contenant les élections consulaires, les rolles de taille et capitaux, sera à même de s'édiffier que plusieurs de ceux qui ont délibéré n'étaient point conseillers politiques, que les autres étaient pour la plupart des impéris, que le premier consul est le maréchal-ferrant, et presque sans usage, et que ce n'est qu'à la formation dudit conseil politique qu'on a commencé à se mettre en règle, sauf pour le premier consul à raison de la nomination duquel on fut surpris. Il verra encore que l'artisan de la délibération du 22 août 1769, ne pouvant parer à l'évidence des faits, et au bon droit que les avocats les plus fameux de la province ont déclaré en faveur du seigneur, en grande connaissance de cause après avoir entendu les parties et vu les actes et mémoires respectifs, s'est étudié suivant sa louable coutume, à éluder s'il lui était possible, l'exécution de l'ordonnance de Mgr l'Intendant, sous le faux prétexte

que la communauté n'était pas nantie de ses titres et
documents, évasion frivole, puisque les avocats ont
vériffié tous les actes propres à la communauté, et ont
rapporté les clauses littérales et principales de la transaction de 1645. »

Malgré les requêtes parfaitement motivées, la question n'incline pas vers une solution concluante. Les
contestations litigieuses entre le seigneur et la communauté de Verfeuil agiteront encore le pays, pendant de
longues années. Et les événements politiques qui vont
surgir, ne seront pas de nature à provoquer un facile
accommodement. Un moment viendra même, à la
faveur de la Révolution, où la force voudra supplanter
les formalités juridiques, et précipiter une solution
illégale et arbitraire. C'est ce que nous révèle le
mémoire en consultation qui suit, et que nous citons
textuellement. Ce mémoire est sans en-tête, et a la
forme d'une consultation privée, qui aux yeux du lecteur
peut se passer de tout commentaire (1) :

« Une clause de la transaction passée par les auteurs de Messire de Verfeuil avec la communauté dudit
Verfeuil, le 17 janvier 1645, porte par exprès qu'ils se
sont réservés pour eux et leurs successeurs, comme
propriétaires des bois et forêts dudit Verfeuil, de pouvoir bailler la permission à qui bon leur semblera, soit
habitans ou étrangers, de prendre du bois mort et mort
bois dans lesdits bois et forêts de Verfeuil, autant qu'il
leur plaira, et de donner gratuitement à qui bon leur

_______________

(1) Ce mémoire se rapporte à l'année 1789 d'après l'acte officiel d'une triple enchère relative à la coupe de bois des Dar-
boussières dont il y est parlé ; acte signé Petit, huissier et conseiller à Bagnols, le 18 octobre 1789.

semblera la liberté de prendre toute sorte de bois dans lesdites forêts, sans abus toutefois. Messire de Verfeuil en vertu de cette clause avait donné entrée dans ses bois à trois particuliers de la paroisse de Lussan, sous la redevance usitée pour chacun, d'une eminée de tozelle par an, payable à la Saint-Michel-Archange. Ces trois particuliers avaient joui paisiblement de cette concession, jusqu'au moment où deux d'entr'eux ayant été couper dernièrement du buis dans lesdits bois, ont été arrêtés par quelques soldats de la garde nationale et conduits à Verfeuil avec leurs mules. L'un de ces deux particuliers pour avoir plus tôt sa liberté et celle de ses bêtes de somme, a consenti à donner douze francs. L'autre s'appuyant sur son droit, est venu porter plainte à Messire de Verfeuil qui après avoir pris conseil, lui a dit de faire assigner ceux qui l'avaient arrêté, en restitution de ses bats, ses mules lui ayant été rendues précédemment, avec inhibition de le troubler à l'avenir dans l'exercice de sa faculté.

« Cette démarche juste au lieu de ramener les gens de Verfeuil au principe de l'équité la plus indispensable, les a irrités contre le seigneur.

« Enfin, M. de Verfeuil ne désirant qu'une explication au sujet de ces deux voyes de fait, fut chez le sieur Broche, son procureur fiscal, pour lui parler de cet objet, et lui témoigner combien il était affecté des procédés injustes de sa communauté envers lui. Le sieur Broche n'eut d'autre observation à faire à M. de Verfeuil, que s'il voulait vivre en paix avec sa communauté, il fallait deffendre aux étrangers d'entrer dans les bois. Alors, M. de Verfeuil dans un premier mouvement d'indignation sur une proposition aussi contraire à son droit, lui dit : « S'il faut que la force décide, je ferai

venir trois-cens hommes, et nous nous battrons. M. de
Verfeuil était bien loin de penser qu'un pareil propo s
fut relevé ; la manière, la circonstance et le lieu où il
l'avait tenu, lui donnaient lieu de croire qu'il serait
aussitôt oublié qu'entendu. Enfin, M. de Verfeuil quitta
Broche en lui reprochant son ingratitude après tant de
marques de bonté de sa part, vis-à-vis de lui et de sa
famille. Là se termina cette scène qui aurait dû être
oubliée par tout autre homme que Broche.

« Le dimanche d'après cette scène, M. de Verfeuil se
rendit à l'assemblée pour procéder à la nomination des
officiers municipaux. Au sortir de cette assemblée, il
sollicita d'une manière fort honnête le sieur Laville,
lieutenant de la garde nationale, de rendre les deux
bats confisqués. Celui-ci se mettant en colère, lui répon-
dit, que lorsqu'on était venu porter une plainte sur la
confiscation de ces deux bats, le propriétaire aurait dû
dire en même temps qu'il avait été capturé le jour des
Rois... M. de Verfeuil convint que ce particulier avait
eu tort de travailler, un jour de fête, mais qu'on ne
devait pas le troubler dans un autre temps, de même
que les autres étrangers à qui le seigneur avait donné
l'entrée dans les bois. M. le Curé (1), sortant alors de
l'église, tout indigné, vint troubler l'ordre de ces justes
représentations, et affecta de dénoncer au public comme
des actes d'injustice, les permissions données de couper
du bois, et entr'autres la vente d'une partie des bois,
qui a été faite d'après les règlements, et à l'exploitation

(1) Bonnet, qui osa personnellement soutenir, à propos des
bois, une instance judiciaire contre le baron, dont il fut débouté.
C'est le même qui prêta serment schismatique à la constitution
civile du clergé, au grand scandale des bons paroissiens de Verfeuil.

de laquelle, la communauté s'oppose aujourd'hui, sans titre légitime. M. de Verfeuil eut beau faire pour ramener M. le Curé à des principes plus modérés, plus justes et plus honnêtes, il fut inflexible et dur. Enfin, M. de Verfeuil eut lieu de présumer qu'il était destiné, pour cette journée, à d'autres procédés plus indécens, en effet, il ne fut pas plus tôt rentré chez lui, qu'il eut la douleur d'apercevoir son garde assailli d'une vingtaine de paysans, qui ayant pris ce dernier au collet, l'accablaient des injures les plus grossières, et voulaient le conduire au corps de garde. M. de Verfeuil descendit, et sans se plaindre, dégagea son garde qu'il conduisit au château. Dès qu'il y fut, il dit à M. de Verfeuil, que le sujet de cette insurrection était la demande en restitution d'un fusil qu'il avait ôté, depuis six ans, à un paysan trouvé à l'affût, et que pour ramener le calme, il était indispensable de rendre ce fusil. M. de Verfeuil n'approuvant pas une demande injuste qui pouvait en occasionner de nouvelles encore plus irrégulières, le garde se décida, de lui-même, à rendre ce fusil. Les paysans satisfaits des intentions du garde, semblaient calmés, lorsque le sieur Broche, procureur fiscal, se présentant comme un furieux, et voyant deux particuliers de Lussan qui sortaient de chez le garde, et qui étaient venus pour parler d'affaires au seigneur, les menaça le fusil à la main, en leur enjoignant de la manière la plus indécente, de sortir tout de suite du village. Le seigneur craignant les suites d'une scène aussi violente, courut au devant de son procureur fiscal, de qui il chercha à réprimer les mouvements impétueux, en faisant signe de la main aux deux particuliers de Lussan, et les invitant à se retirer. Ce premier mouvement n'était que le prélude de tous les procédés odieux que Broche préparait à son seigneur à qui il reprocha publiquement comme des injustices contre certains de ses emphitéotes, des poursuites légales. Broche ne s'en tint pas là et rappela en même temps le propos tenu chez lui, sur les trois-cens hommes que le seigneur avait dit qu'il ferait venir. Ce propos qu'on avait eu soin de faire courir dans tout le voisinage, occasionna dans l'après-dîner, une seconde insurrection de la part des habitans de Saint-André-d'Olérargues, qui se présentèrent au château tous armés, pour demander la restitution des fraix faits à un particulier pour port d'armes. M. de Verfeuil n'ayant rien à se reprocher sur cette affaire que Messire de Brueis, son prédécesseur, lui avait transmise, et qu'il a terminée à l'amiable, parvint heureusement à renvoyer ces gens-là, après avoir enduré patiemment les propos les plus indécens et les plus séditieux de la part du premier consul de Saint-André qui était à leur tête (1). Un autre particulier de Lussan, revêtu de l'uniforme de la garde nationale, qui avait à parler au seigneur, avait été désarmé et conduit au corps de garde d'où il ne fut mis en liberté que le soir. Mais ce n'est pas encore tout : neuf paysans de Verfeuil animés de haine contre leur seigneur qui les avait comblés de bienfaits, et qui dans ce moment-ci est en souffrance de l'arriéré d'une grande partie de ses droits seigneuriaux, allèrent rap-

(1) M. de Verfeuil avait acquis de messire de Brueys, seigneur de Saint-André, cette seigneurie, vers l'an 1779 environ. Cela explique l'irruption révolutionnaire de cette bande de Saint-André, qui vient insulter son seigneur à Verfeuil. On peut se convaincre par ces manifestations séditieuses que le sentiment d'instinct démocratique commençait à bouillonner dans l'âme des paysans contre l'autorité aristocratique de leurs seigneurs, et préludait à la révolution générale de 1789 et aux excès de 1793.

porter le propos des trois cens hommes à M. de Vaulx, maire de Bagnols, qui eut la bonté d'en prévenir le seigneur, qui par sa réponse a fait connaître la vérité, et surtout la pureté de ses vues bienfaisantes, manifestées par une prière aux particuliers de Lussan de ne plus venir dans les bois jusqu'à nouvel ordre.

« Dans l'état des choses, vu la menace que les gens de Verfenil font d'aller plus loin, après la déclaration faite par Broche, des propos en question, M. de Verfeuil ne pourrait-il pas au moyen d'un acte public, désavouer ce propos qui a été tenu en présence de Broche et de sa famille, et même assigner ledit Broche en rétractation de sa déclaration. Les propos injurieux que Broche a tenus à son seigneur, et les procédés indignes qu'il a eus pour deux braves gens de Lussan qui venaient porter de l'argent au seigneur, ne sont-ils pas répréhensibles ?...

« Ne pourrait-on pas agir contre le Curé, à raison des propos dictés par la passion et l'injustice, qu'il a tenus au seigneur devant plusieurs paysans, et qui ont décidé à coup sûr ces derniers à toutes les indécences qu'ils se sont permises, soit envers le seigneur, soit envers son garde ? Il est nécessaire d'arrêter de quelque manière la fougue de ce curé dont la conduite décidera toujours de celle de ses paroissiens..

« Ne pourrait-on pas agir contre le nommé Fontanille, premier consul de Saint-André, en faisant témoigner contre lui les gens armés qui entrèrent sous sa conduite dans le château ?

« Au reste, la chose principale dans cette affaire, est d'empêcher que le propos en question tenu par le seigneur, n'ait d'autre suite. On prie Me Valadier d'indiquer les voies convenables pour cela, et de croire

surtout que M. de Verfeuil sachant se plier aux circonstances impérieuses du moment, et ne désirant rien
tant que la paix, est prêt à sacrifier son juste ressentiment sur tout le reste de cette affaire, si par ce moyen
il peut se mettre à l'abri de nouveaux désagréments.

« On prie encore Mᵒ Valadier d'indiquer les moyens
à prendre pour que le bailliste de la coupe de bois vendue selon les règlements, les consuls dûment appelés,
puissent aller en avant. Quelle conduite aurait-il à
tenir si les habitants de Verfeuil commettent quelque
voie de fait envers lui ou ses charbonniers ? »

Le mémoire suivant répond à cette consultation.

### MÉMOIRE POUR M. DE VAULX

#### *Sur la vente des bois.*

« L'opposition de la communauté ne paraît pas
fondée, n'ayant pour principe aucun acte légitime.
La vente a été faite dans toutes les formes. Les consuls
ont été avertis par un acte juridique huit jours avant
de procéder à l'adjudication. Les trois enchères ont été
publiées et affichées. On se retranche sur ce que le bois
n'avait pas l'âge requis, mais peut-on faire valoir cette
exception et la présenter aujourd'hui comme moyen
victorieux pour faire casser cette vente, qui privera
d'ailleurs la communauté du produit du cinquième du
bois qui aurait été moins imposé aux tailles prochaines...

« Sur l'avertissement que M. de Verfeuil a fait
donner à trois particuliers de Lussan, de ne plus venir
dans les bois, jusqu'à *nouvel ordre :*

« Ces deux mots soulignés ont donné de l'inquiétude à quelques habitans. L'explication en est cependant, assez claire. M. de Verfeuil a entendu dire par là, que lorsque la tranquillité et l'ordre seraient rétablis et que les difficultés qui se sont élevées au sujet de ce droit seraient applanies, le seigneur en reprendrait l'exercice s'il y avait lieu, sans prétendre cependant répondre des voies de fait, et d'aucune indemnité envers les particuliers du mandement de Lussan qui ont été invités à ne plus venir dans les bois, exercer la faculté jusqu'à nouvel ordre ; sans que M. de Verfeuil ait pû les priver par là de l'exercice de ce droit. »

*Sur les bats confisqués à Rouvergat, de Lussan.*

« Porter le maire à les rendre, attendu que Rouvergat est un des trois particuliers qui jouissent de la faculté. On dit que Rouvergat a été pris un jour de fête. On convient qu'il doit être condamné à une amende qui devrait cependant être bien au-dessous d'une somme de trente-six livres qu'on lui demande. On observe que Rouvergat est décidé à suivre cette affaire, mais on peut assurer que M. de Verfeuil fera son possible pour le porter à un accommodement auquel on désire bien qu'il se prête. »

*Sur les droits que la communauté prétend avoir*
*sur les bois.*

« Cette question dépend absolument des titres que la communauté doit faire valoir, si elle les croit assez bons pour détruire ceux du seigneur. M. de Verfeuil qui ne désire rien tant que la paix, a proposé et pro-

pose encore de remettre ses titres à un avocat de Bagnols, Nismes ou Montpellier, au choix de la communauté qui pourra de son côté prendre un deffenseur
pour les siens. Cette voie préalable éclaircirait sans
doute la matière. En attendant on prie M. de Vaulx
de prévenir le Maire, que M. de Verfeuil fera sa déclaration des bois comme il le doit, dans l'état des choses,
sauf à la communauté à en faire tel usage que bon
lui semblera. »

*Sur le propos tenu à Broche.*

« Lorsque M. de Verfeuil a dit devant Broche, son
procureur fiscal, que s'il fallait repousser la force par
la force, il ferait venir trois cents hommes et qu'on se
battrait, il n'a entendu parler que du secours qu'il était
en droit de solliciter auprès des municipalités voisines
pour rétablir l'ordre et protéger ses propriétés. »

Les choses en restèrent là, grâce à la patiente prudence de M. de Verfeuil, et du maire d'alors, qui voulait du bien personnellement au baron, comme nous le
verrons dans la suite de cette notice. Ce maire, malgré
ses convictions chrétiennes et royalistes, ne pouvait pas
personnellement, et ne jugeait pas prudent de se heurter violemment contre les mutineries de quelques esprits orgueilleux et jaloux qui à l'occasion d'un mouvement révolutionnaire, voulaient briser bruyamment et
brusquement avec l'autorité du seigneur. Modérant
donc le mouvement réactionnaire plutôt que de l'irriter
par la résistance, ce prudent administrateur s'efforcera
de sauvegarder le château et la commune d'une crise
à rixes sanglantes. Et s'il ne lui sera pas donné de pouvoir prévenir certains excès que l'opinion du pays

réprouvera, vis-à-vis du château, il aura néanmoins par son dévouement d'administrateur, mérité la reconnaissance du pays et du baron de Verfeuil.

Toutefois, ce maire convaincu de bonne foi que la commune était en droit de réclamer la propriété des bois, par des titres séculaires et antécédents aux arrêts subséquents, fera cause commune avec ses administrés, pour essayer de soutenir cette cause, mais d'une manière légale, correcte, et *non arbitraire* comme prétendaient le faire Broche, Laville, le curé Bonnet et leurs adhérents. — Les temps deviennent de jour en jour plus critiques pour les administrations municipales, même bien intentionnées, dans leurs rapports avec leurs seigneurs. Elles sont obligées de tenir compte des circonstances légales, telles que les ont imposées les événements. C'est ce qui explique les motifs des pétitions suivantes adressées en communication à la municipalité de Verfeuil, et la réponse motivée qu'elle leur a donnée.

Nous citons ces divers actes qui expriment la véritable version du sens des rapports entre le baron et la municipalité de Verfeuil.

**DÉPARTEMENT DU GARD**

—

(District d'Uzès)

—

**Commune de Verfeuil**

—

Pétition pour M. Bruneau d'Ornac, hàut du lieu de Verfeuil, district d'Uzès.

—

*Envoyé à la Municipalité de Verfeuil.*

*A MM. les Administrateurs du Directoire du département du Gard, par l'intermédiaire du Directoire du district d'Uzès.*

« Remontre le sr Charles-Prudent Bruneau d'Ornac, habitant du lieu de Verfeuil, que pour se conformer au décret de l'Assemblée nationale, il fournit sa déclaration sur ses biens ci-devant privilégiés, consistant en censives, droits casuels, bois et son ci-devant chateau aud. Verfeuil; qu'il a esté, en conséquence, compris dans les rolles supplétifs des six derniers mois de 1789, et pour l'année 1790, pour la somme de *neuf cent trente livres treize sols;* mais comme le remontrant n'a pas touché le sol des censives qui lui étaient servies, ni aucuns lods et facultés depuis avant l'année 1789, se trouvant à Nismes avec sa famille à l'échéance des censives, non plus que l'éminée de tozelle que chaque habitant lui sert à titre de faculté, de 1790, c'est-à-dire à la Saint-Michel, commit M⁰ Borrelly, notaire, de Cavilhargues, lequel s'étant transporté aud. Verfeuil pour en faire la levée, ne put retirer autre chose que quarante livres de pension servie par Guillaume Broche, que d'une autre part, il est troublé par la communauté dans la jouissance de ses bois; c'est pourquoi, il a recours à ce qu'il vous plaise, Messieurs, le décharger des susd. cottes se portant à la sud. somme de 930 l. 13 s., ainsy qu'il conste de la quittance ci-jointe; et en ordonner la restitution, subsidiairement modérer lesd. cottes qui sont exorbitantes et ferez justice.

« Dornac. »

« Soit communiqué à la municipalité de Verfeuil pour fournir sa réponse sur les faits mentionnés dans la présente pétition, et notamment sur la demande en modération de la cotisation du sieur Dornac, dans les rolles supplétifs de 1789 et 1790.

« A Uzès, en Directoire, le dix-sept novembre mil-sept-cent-quatre-vingt-douze, l'an Iᵉʳ de la République.

« Troupel fils. — Gide. »

« L'an mil sept cent quatre vingt douze, quatrième de la liberté, et le vingt deuxième jour du mois de novembre, avant midi, par moy Jacques Petit, huissier provisoirement au tribunal du district d'Uzès, habitant Saint-Marcel-de-Careyret, soussigné, à la requète du citoyen Charles Prudent Bruneau d'Ornac, du lieu de Verfeuil, où il a son domicille, et encore en la maison et personne du citoyen Devès, notaire audit Saint-Marcel, son procureur fondé, où il veut que toutes les significations lui soient faites à peine de nullité, les pétition et ordonnance au bas cidevant ont été intimées et signiffiées à la municipalité de Verfeuil, avec injonction de s'y conformer sous les peines de droit, et au surplus, j'ay déclaré à ladite municipalité que le requérant ayant été extrêmement chargé et au delà de la moitié dans la contribution foncière de l'année dernière, il a fait et remis une pétition pour en demander la modération et le remboursement de la surcharge ; et comme cette pétition n'a pas été encore répondue, le requérant observe en attendant, à ladite municipalité : 1° que c'est mal à propos que les commissaires adjoints ont porté le revenu net de ses biens à 2722 livres 17 sols 10 deniers, puisqu'il ne les a affermés aux citoyens Mathon et André, le 11 juin dernier verbalement que 1826 livres ; que cette erreur de la part desdits commissaires a fait porter la cotte de contribution foncière du requérant à 801 livres 2 sols 11 deniers ; 2° que pour se convaincre de cette erreur, il n'y a qu'à jeter les yeux sur les cottes des ci après nommés, cottisés pour les biens qu'ils possèdent à Verfeuil. Le citoyen Cassan possède des biens au mas de Mouton dans le taillable dudit Verfeuil, dont les revenus valent bien au moins le tiers de ceux du requérant, il n'a

cependant été cotté que 96 livres 4 sols 1 denier, par
où le requérant n'aurait dû être taxé, proportion gardée, que 284 livres 12 sols 3 deniers. — Les revenus
du citoyen Malignon valent la moitié de ceux du requérant, il n'a été cottisé que 105 livres 5 sols 7 deniers.
Mais ne valussent-ils que le tiers, le requérant n'aurait dû être taxé, proportion gardée, que 315 livres
16 sols 9 deniers. — Les biens d'Antoine Robert du
mas de Mouton valent bien au moins le quart de ceux
du requérant, il a taxé 73 livres 9 sols 4 deniers, par
où le requérant n'aurait dû être taxé que 293 livres
17 sols. — La veuve Michel ayant été cotisée 78 livres
19 sous 7 deniers pour un revenu que lesdits commissaires ont porté 266 livres 16 sols 1 denier, ses biens
valent le quart au moins de ceux du requérant, donc
que celui-ci n'aurait dû être cottisé, proportion gardée,
que 280 livres 19 sols 3 deniers. Pour toutes ces observations, j'ay sommé et requis ladite municipalité de
corriger sur la matrice du rolle à mettre en recouvrement pour la présente année, l'erreur intervenue sur
la cottisation du requérant l'année dernière ; et pour
que ladite municipalité ne l'ignore, je lui ay laissé
coppie de la susdite pétition et ordonnance ensemble
de tout ci dessus, parlant au citoyen Frac, maire, en
son domicille pour tous, en foy de ce.

« PETIT.. »

« Enregistré à Bagnols ce 22ᵉ novembre 1792.

« Reçu quinze sols.

« GASQUÉ. »

22 NOVEMBRE 1792. — PÉTITION, ORDONNANCE ET EXPLOIT
DE SIGNIFICATION POUR LE CITOYEN CHARLES PRUDENT DE
BRUNEAU DORNAC.

Contre la municipalité de Verfeuil :

« Remontre citoyen Charles Prudent Dornac, habitant et domicilié dans la commune de Verfeuil, qu'ayant besoin d'un certificat de résidence de la municipalité dud. Verfeuil, à l'effet de pouvoir retirer des pentions qui lui sont servies à Bolenne, il a fait présenter un certificat à ladite municipalité qu'elle a refusé de signer, quoique très conforme à la vérité, puisqu'il porte qu'il est domicilié aud. Verfeuil ; qu'il y a habité pendant plus de six mois avant le 11 juin de la présente année 1792, époque de son départ pour Versailles ; qu'il a acquitté toutes ses cottes de contributions foncières et mobilières, jusques et inclus 1791, les rolles de celles d'abord, présente année n'ayant pas été encore mis en recouvrement ; qu'il a aussi payé sa contribution patriotique, ainsi que de tout il résulte des quittances qu'il avait annexées aud. certifficat, de même qu'un certificat de résidence de la municipalité de Versailles, du 28 octobre de la présente année 1792. C'est pourquoi il a recours, citoyens, à ce qu'il vous plaise ordonner que lad. municipalité sera tenue de donner par écrit les raisons de son refus et fairez jutice.

« DORNAC. »

« Vu la pétition cy-dessus, le Directoire la renvoye à la municipalité de Verfeuil pour donner le plus tôt possible par écrit, les raisons de són refus.

« Au Directoire du district d'Uzès, le 22 novembre 1792, l'an I<sup>er</sup> de la République française.

« TRINQUELAGUES. — GIDE. »

« L'an mil-sept-cent quatre-vingt-douze, quatrième de la liberté, et le vingt-deuzième jour du mois de novembre avant midi, moy Jacques Petit, huissier provisoirement au Tribunal d'Uzès, habitant à Saint-Marcel-de-Careyret, soussigné, à la requête du citoyen Charles Prudent de Bruneau Dornac du lieu de Verfeuil où il a son domicile, et encore en la maison du citoyen Devès, notaire aud. Saint-Marcel, son procureur fondé, en la personne duquel il veut que toutes significations lui soient intimées, à peine de nullité, les pétitions et ordonnances ci-dessus ont été intimées et signiffiées à la municipalité dud. Verfeuil, parlant au citoyen Frac, maire, pour tous, en son domicile, et l'ay sommé et requis de s'y conformer sous les peines de droit. Et afin que ladite municipalité ne l'ignore, je lui ay laissé copie desd. pétition et ordonnance et présent exploit, parlant à qui dessus, en foy de ce.

« PETIT. »

« Enregistré à Bagnols, le 22 novembre 1792.

« Reçu quinze sols.

« GASQUÉ. »

A cette double pétition à elle signifiée et notifiée, la municipalité donna sa réponse motivée, au mois de janvier, après mûre et solennelle délibération, et voici le texte exact de cette réponse formulée et signée par les membres de la municipalité et les notables du pays :

« L'an second de la République française mil sept cent quatre-vingt-treize et le premier janvier avant midi, le Conseil général de la commune de Verfeuil assemblé dans le lieu et dans la forme ordinaire par devant le citoyen Antoine Frach, maire, présents et oppinants, les citoyens Jacques Malignon, André Frach, Pierre Blanchard, Pierre Mégier, Louis Frach, officiers municipaux, Joseph Frach fils, Joseph Blanchard, François Charre, François Laville, Jean Tressol, Estienne Broche, Pierre Talon, François Nebout, notables, assistés de Dominique Broche, procureur de la commune, auquel Conseil a été dit par le citoyen maire qu'il lui aurait été signifié par un huissier un acte à la requête du citoyen Charles Prudent Bruneau Dornac, portant signification de deux pétitions que ce citoyen à faittes au Directoire du district dont l'une contient la demande en décharge définitive de sa cotte des biens privilégiés qu'il possédait dans la commune consistant en censives, droits casuels, bois et château imposés pour les six derniers mois de 1789 et l'année 1790 sous prétexte que les censives ne lui ont pas été payées, et que la commune le trouble dans la possession de ses bois, et doutant de la réussite de sa demande en décharge ce citoyen se réduit à demander subsidiairement la modération de ladite cotte. « La seconde pétition du citoyen Dornac tend à forcer la municipalité à motiver les raisons du refus qu'elle a fait de signer un certifficat de résidence que demandait ce citoyen pour retirer certaines pentions qui lui sont dûes à Bollenne. Ce certifficat portant qu'il est domicilié aud. Verfeuil, qu'il y a habité pendant plus de six mois avant le 11ᵉ juin dernier, époque de son départ pour Versailles, qu'il a acquitté toutes ses contributions foncières et mobilières jusques et inclûs

1791, celle de lad. année 1792 n'étant pas en recouvrement, ainsi qu'il résulte des quittances annexées aud.
certifficat et un certifficat de résidence de la ville de
Versailles. » Le Conseil a unanimement délibéré pour
répondre à la pétition du citoyen Dornac et à l'arrêté du
Directoire du district du 17e novembre dernier, que les
prétentions dud. Dornac sont illégalles et peu réfléchies,
puisque la commune n'imposa ce citoyen au supplément
de ses biens privilégiés, que d'après la déclaration
qu'il fournit lui-même, et que la commune et lui se
conformèrent à la loy a cet égard, que si les censives
ne lui ont pas été payées, la commune n'en est pas la
cause puisque, au contraire, elle n'a cessé de prêcher à
cette époque aux habitants, l'exécution de la loy et le
respect dû aux propriétés, et aux personnes, que sans
doute l'obligation faitte du prétendu trouble dans la
possession de ses bois vient du *rédacteur* de la pétition
et non dudit Dornac, puisqu'il sait que malgré tous les
droits de la commune sur les bois, il s'est toujours
perpétué dans sa jouissance appuyée sur l'injustice la
plus manifeste et les titres les plus erronnés, puisqu'il
a retiré en quittemant le prix des ventes et notamment
de celle en vertu de laquelle les bois s'exploitent
actuellement ; titres que le Conseil délibère aujour-
d'hui d'attaquer judiciairement pour que d'après la
décision qui interviendra ce cy devant seigneur, soit
pleinement convaincu qu'il n'aurait jamais dû se qua-
lifier de propriétaire incontestable, que s'il a voulu
négliger de se faire payer de ses censives, il en était
bien le maître, ainsi qu'il l'est de s'appuyer de la loy
s'il a été trop imposé et qu'alors la commune toujours
esclave des loys en remplira exactement le vœu.

« A été de plus délibéré que la commune ou la municipalité n'a jamais refusé de signer aucun certifficat au citoyen Dornac, mais que la vérité est sur la représentation à signer d'un certifficat, qui fut faitte par le Procureur fondé dudit citoyen à un des membres du Conseil, celui cy lui fit certaines observations sur le lieu de sa résidence que la municipalité ne connaît pas certainement, puisque en partant il ne se munit que d'un certifficat de voyage pour la ville de Nismes, et non pour Versailles, que l'époque de ce départ lui paraissait plus recullée qu'il ne la fixait lui-même, que, d'ailleurs, il proposerait cette demande à la municipalité qui se rendrait à la justice d'ycelle ; que le citoyen Procureur ayant pris ces observations pour un refus se retira, et que le Conseil est d'autant plus surpris des motifs de cette pétition qu'il charge le citoyen Procureur de la commune de faire nottiffier la présente au Procureur dudit Dornac pour le prier de lui remettre le certifficat en question pour être présenté à la municipalité qui le signera toutes les fois qu'il sera vrai et juste, ainsi que les pièces qui lui servent de base que la municipalité examinera, ayant les sçachant escrire signé — Malignon, Frach, Mégier, Blanchard, signés officiers municipaux ; Frach, Blanchard, Charre, notables, Broche, greffier, ainsi délibéré par devant nous Frach maire, Bertrand, premier greffier signé.

« Nottiffié la délibération cy dessus au citoyen Devès, procureur fondé du citoyen Dornac, en domicile au lieu de Saint-Marcel-de-Carreiret parlant à lui-même, par moy huissier soussigné, ce second janvier mil sept cents quatre vingt treize, le second de la République française.

« PETIT. »

Copie pour le citoyen Devès, procureur fondé **du** citoyen Dornac.

Cette délibération provoqua la pétition et le mémoire qui vont suivre.

**DÉPARTEMENT DU GARD** *Pétition aux citoyens Administra-*
(District d'Uzès) *teurs du Directoire du district*
Commune de Verfeuil *d'Uzès.*

« Remontre Charles Prudent Bruneau Dornac, citoyen de Verfeuil, district d'Uzès, département du Gard, que les revenus des biens qu'il possède dans le taillable de Verfeuil ont été portés par les commissaires de la contribution foncière, à la somme de 3,722 l. 17 s. 10 d., et ce cottisé, en conséquence, dans l'administration foncière, *huit cent une livres deux sols onze derniers* y compris les sols et deniers additionnels par livres, et ce, pour l'année 1791, comme il conste de l'extrait ci-joint.

« Les commissaires de ladite contribution foncière ont si bien erré dans leurs opérations, que le citoyen Dornac n'a affermé ses biens verbalement à André Estienne, de Saint-Laurent-de-la-Vernède, et à Joseph Mathon, de Saint-Marcel-de-Careyret, le 10 juin 1792, présente année, que dix-huit cents vingt livres ; que led. citoyen Dornac est en état d'établir par le rolle de la contribution, que les plus forts taillables citoyens de Verfeuil, dont les biens pourraient être affermés huit cent livres, au moins, n'ont été portés qu'à un revenu de 354 l. 14 s. 8 d. et cottisés 105 l. 5 s. 9 d.

« C'est pourquoi il vous plaira modifier la contribution foncière dud. citoyen Dornac, à la somme de trois cens livres, y compris les sols et les deniers additionnels pour livres de lad. contribution ; ce qui sera encore au-dessus des cottes de tous les autres plus forts dud. Verfeuil, relativement à leurs revenus. Ce faisant, ordonner, citoyen, en la quittance ci-jointe, la restitution de l'excédant et fairez bien.

« Dornac. »

« Renvoyé au pétitionnaire pour rapporter au Directoire conformément à l'art. 7 de la loi du 28 avril 1791 :

« 1° Un extrait de la matrice du rolle de Verfeuil, contenant par sections et numéros le détail de tous les biens-fonds dont il jouit dans lad. commune de Verfeuil, avec l'évaluation de leur revenu net portée dans lad. matrice du rolle. 2° Une déclaration du revenu auquel il évalue lui-même chaque article de ses biens-fonds.

« Fait au Directoire du district d'Uzès, le 21 janvier 1793, l'an second de la République française.

« Félix Deroche, *président.*
« Gide, *secrétaire.* »

Pièce préparée en 1791, en prévision qu'elle serait exigée comme elle l'a été en 1793, le 21 janvier.

*Extrait de la matrice du rolle de Verfeuil contenant par sections et numéros, le détail des biens-fonds dont le sieur Dornac jouit dans la commune de Verfeuil, exigé par le Directoire du district d'Uzès, conformément à la loi du 28 avril 1791.*

COMMUNAUTÉ DE VERFEUIL. — SECTION D

Je soussigné, Charles Prudent de Bruneau d'Ornac, ancien capitaine au régiment de Navarre infanterie, propriétaire dans le territoire de ladite communauté, déclare y posséder dans la section D :

1° Sous le n° 1, une terre de la contenance de deux salmées, deux émines, six boisseaux, laquelle je dois donner à moitié fruits à la Saint-Michel prochaine de la présente année 1791 ;

2° Sous le n° 14, une vigne et paccage de la contenance de cinq salmées, deux émines, que je dois donner à moitié fruits, comme ci-dessus ;

3° Sous le n° 77, une olivette de la contenance de six boisseaux que je fais valoir ;

4° Sous le n° 39, une vigne et olivette de la contenance de une émine, quatre boisseaux que je fais valoir ;

5° Sous le n° 106, une olivette de la contenance de cinq boisseaux, trois ledières que je fais valoir ;

6° Sous le n° 110, une olivette de la contenance de trois émines, cinq boisseaux que je fais valoir.

### SECTION E

1° Sous le n° 299, terre et herme cont. 1 sal. 2 émi. à moitié fruits ;

2° Sous le n° 324, terre cont. 4 émi. 1 b. 2 l. à moitié fruits. (Vérifier sur le présage si l'art. 25 est l'art. désigné au n° 324.)

### SECTION H

1° Sous le n° 7, une olivette cont. 1 émi. à moitié fruits ;

2° Sous le n° 11, vigne et herme cont. 4 ém. à moitié fruits ;

3° Sous le n° 31, jardin cont. 4 ém. 2 b. que je fais valoir ;

4° Sous le n° 52, terre cont. 7 ém. à moitié fruits ;

5° Sous le n° 80, terre cont. 3 b. à moitié fruits ;

6° Sous le n° 81, terre et jardin cont. en tout 3 salmées, 7 ém. scavoir 7 ém. au jardin, et le restant en terre, je fais seulement valoir le jardin ;

7° Sous le n° 83, terre et ancien pré cont. en tout une salmée, 2 ém. scavoir : terre 2 ém. et le restant pré à moitié fruits ;

8° Sous le n° 90, une prairie artificielle ruinée cont. 1 ém. 4 b. à moitié fruits ;

9° Sous le n° 96, une terre cont. 3 b. à moitié fruits ;

10° Sous le n° 110, terre et maison cont. en terre 15 salmées, en couverts 44 cannes et en cour 78 cannes, à moitié fruits ;

11° Sous le n° 111, bois de chênes verts cont. 12 salmées, à moitié fruits ;

12° Sous le n° 112, bois de chênes verts cont. 1 sal. 4 b. à moitié fruits ;

13° Sous le n° 113, terre et grange cont. 2 salmées 2 ém. 2 b. en terre et en couverts 60 cannes, et en cour 115, à moitié fruits ;

14° Sous le n° 714, terre, cont. 4 sal. 5 émi. à moitié fruits, y compris un mûrier et un trou à fumier.


SECTION J


1° Sous le n° 12, une terre cont. 4 sal. 2 b. à moitié fruits à des brassiers ;

2° Sous le n° 17, terre cont. 5 ém. 1 b. 1 léd. à moitié fruits à des brassiers ;

3° Sous le n° 57, une terre cont. 4 sal. 4 ém. 7 b. à moitié fruits, partie à des brassiers ;

4° Sous le n° 65, une terre cont. 3 ém. 7 b. id..... ;

5° Sous le n° 66, une terre et luzerne cont. la terre 4 sal. 4 ém. et la luzerne 6 b. ;

6° Sous le n° 83, une terre et vigne cont. la terre 5 ém. et la vigne 5 ém. ;

7° Sous le n° 181, une terre cont. 1 sal. 7 ém. 1 b. à moitié fruits ;

8° Sous le n° 215, une terre cont. 3 b. à moitié fruits ;

9° Sous le n° 229, un local jardin dans l'enclos du château, complanté de deux gros mûriers dont mes auteurs jouissent depuis plus de quarante ans, cont. 2 b. environ à moitié fruits ;

10° Sous le n° 230, château dans l'enclos du village de Verfeuil cont. 235 cannes y compris l'écurie qui est dans son enceinte et 31 cannes de basse-cour.

### SECTION M

1° Les bois tels qu'ils ont été déclarés.

NOTA. — La communauté a déclaré deux ventes de bois confrontant du levant les terres des particuliers, du couchant les bois de Lussan, de Bise, ruisseau de Guilhon, du marin ruisseau de Davègue ;

2° Un devois complanté de chênes verts vulgairement appelé le Devézon, contenant environ 12 salmées, situé dans un terroir montueux et pierreux, au mas de Mouton.

### SECTION R

Le Darboussas tel qu'il a été déclaré.

« NOTA. — Le citoyen Dornac a été compris dans le rolle pour le revenu net des quatre cinquièmes des bois, pour la somme 1600 livres.

« La totalité des bois sans y comprendre celui du Darboussas qui forme un article séparé, a été vendue

29,860 livres. Les quatre cinquièmes de cette somme revenant au citoyen Dornac se portent à la somme de 23,888 livres qui repartie sur vingt années, terme ordinaire des coupes de bois taillifs dans le ci-devant Languedoc, donne, chaque année, un revenu de 1195 l. 8 s.

« Sur cela il faut prélever les frais de garde qui doivent réduire le revenu net à la somme de 800 livres :

« Le citoyen Dornac a été compris pour la moitié du revenu net du bois du Darboussas.

« Ce bois a été vendu le 16 janvier 1782, au prix de 1225 livres, sur quoi : 245 livres à prélever pour le cinquième de la communauté ; il reste 980 livres à partager entre le citoyen Dornac et le citoyen Valette. »

La réponse officielle à cette pétition, munie de l'extrait de la matrice du rôle qui l'accompagne, ne nous a pas été révélée par les annales. Elle dut être concluante en faveur des réclames motivées du baron de Verfeuil. Mais ce ne sont là que des incidents accessoires entre le seigneur et la communauté, en rapport avec le nouvel état des choses, depuis 1789.

Le motif prédominant de discussion entre le château et la commune, c'est l'affaire de la propriété des bois, que la municipalité, dans sa délibération du 1er janvier 1793, a remise en instance. Elle a tellement saisi et pénétré l'opinion populaire, qu'elle lui fait remettre au second plan les préoccupations politiques, dont certains meneurs voudraient toutefois tirer parti pour essayer de donner à cette affaire, une solution anti-juridique et presque révolutionnaire. La conduite correcte du seigneur et de la municipalité a pu enrayer et faire avorter ces prétentions, en sorte que, grâce à cette double prudence, l'opinion populaire à Verfeuil, semble à peine soupçonner la gravité des événements qui agitent la France. On dirait que pour ce pays, la révolution dite de 1789, suit son cours normal et nécessaire ; sauf de la part de certains esprits séditieux et mutins, quelques manifestations inconvenantes et indécentes contre le seigneur ; et encore, ne sont-elles inspirées que par le motif de cette prétention devenue populaire dans Verfeuil, de faire déclarer communale, la propriété des bois, au détriment du seigneur. Le château pourra même, un jour, se féliciter, de ce que cette préoccupation juridique aura été comme une heureuse diversion pour l'opinion populaire, en face de la révolution qui, ailleurs a foulé aux pieds les limites de toute jutice et de toute modération, afin d'usurper les domaines les plus sacrés, au prix même de l'exil ou de la mort pour les victimes de ses fureurs.

Du reste, Verfeuil est un pays clôturé pour ainsi dire, par un rempart de forêts. Les nouvelles politiques lui sont difficilement communiquées. Le seigneur et le maire, mieux renseignés, ont la prudence d'en contrôler et atténuer la portée. M. Charles Prudent d'Ornac, très judicieux, très conciliant et très prudent de nom et de fait, quoique défenseur correct de ses droits, se montre bon seigneur. La communauté s'est choisie une municipalité des plus honnêtes, présidée par un maire recommandable sous tous les rapports : chrétien exemplaire, royaliste par conviction, propriétaire parmi les plus notables, homme de caractère. prudent sans faiblesse, conciliant sans flatterie même avec son seigneur, voulant l'ordre et le respect des propriétés et des personnes, comme il en a autorisé la déclaration dans la délibération prise le 1er janvier 1793, et prêt à se dévouer pour ce motif, avec héroïsme s'il le faut, personnellement. M. Frach, en un mot, a été dans ces circonstances critiques, par sa prudence, sa modération et son dévouement, le sauveur du château et de la commune de Verfeuil. Aussi, respecté et estimé de tous ses administrés, resta-t-il maire de Verfeuil jusqu'à sa mort, qui fut un vrai deuil communal.

Si toutes les communes de France avaient eu l'avantage de se trouver administrées comme celle de Verfeuil à cette époque de tourmente révolutionnaire, cette révolution nécessaire de 1789, se serait réalisée et accomplie selon les sages cahiers de Louis XVI, et et n'aurait pas eu pour extrêmes conséquences, les excès révoltants et sanguinaires dits de 1793 et de la Terreur.

C'est à peine, comme nous le constatons par la série des pièces administratives entre la commune et le seigneur, si l'on éprouve, à Verfeuil, la terrible commotion occasionnée en France par l'acte régicide du 21 janvier, qui décapite la famille française. Cependant, nous ne pouvons le nier, la tradition locale et le mémoire du baron de Verfeuil en font foi : un mouvement insurrectionnel s'opéra contre le château, en ce malheureux moment ; mais ce ne fut qu'un orage plus retentissant que malfaisant, d'où éclatèrent quelques étincelles incendiaires sur les meubles et les archives du château, sans causer des préjudices considérables. Le rapport qui en fut fait nous paraît un peu exagéré, vu que les archives nous ont fourni les nombreux documents de cette notice, et que d'ailleurs, M^me de Verfeuil, témoin de cette douloureuse scène, n'a jamais abandonné la résidence dans le château. C'est dans cette circonstance que M. Frach, maire, se montra héroïque personnellement au poste du devoir, devant le portail du château, comme nous l'exposerons plus en détail en réponse à une réclame du baron qui, lui, était en ce moment forcément absent.

Il est de notre devoir d'humble historien de ne pas taire un fait révoltant que nous révèlent les notes baronniales :

« Un misérable, du hameau de C..., ayant rencontré Madame dans une pièce retirée, l'interpelle en ces termes : Madame, nous voulons manger!... Eh bien ! on va vous donner à manger... Nous voulons boire!... Eh bien! on va vous donner à boire... Nous voulons de l'argent !... Eh bien ! on va vous donner de l'argent... Nous voulons!... Nous voulons!... Eh bien ! que voulez-vous encore? Et alors, ce misérable, ivre sans doute de vin et de rage, présentant un poignard, à Madame, lui impose silence, avec un geste menaçant, puis, déconcerté, probablement par le sang-froid de Madame que Dieu protège en l'absence de M. de Verfeuil, il tourne sa rage contre un portrait de famille et le transperce à l'endroit du cœur. Ce portrait existe encore avec cette blessure mémorable. »

Et à ce propos, nous devons admirer les soins de la divine Providence qui, veillant au salut de M<sup>me</sup> de Verfeuil, permet qu'un preux chevalier de la famille seigneuriale offre son cœur en effigie au poignard d'un scélérat, pour détourner le coup mortel destiné à une courageuse et vaillante châtelaine.

A la suite de cette dernière sédition locale, le calme relatif se rétablit à Verfeuil. Le baron ose en toute confiance reparaître au château, encouragé par la réprobation générale des braves gens du village, à l'endroit de la scène regrettable opérée par une faction de mutins. Il reprend le soin de ses affaires, et c'est alors, le **23** février, qu'il produit le mémoire en réponse à la délibération de la municipalité du 1<sup>er</sup> janvier 1793, mémoire que nous allons relater ci-après, et qui sera le dernier que nous puissions produire depuis cette date de 1793, jusqu'à celle de 1802. La période dans laquelle vont se précipiter les événements (c'est-à-dire, l'ère de la *Convention*, et de la *Terreur*, etc., mettra les seigneurs des villages, même les plus modérés et les plus isolés, dans la prudente obligation de se dissimuler par une fuite mystérieuse et de garder un silence de mort, afin de pouvoir éviter soit l'exil, soit l'échafaud. Le seigneur de Verfeuil, voulant rester en France, et sauvegarder ses domaines et sa vie, sut et put trouver des refuges protecteurs, a Verfeuil, d'abord, grâce à son bon maire, et à Versailles, ensuite, dans la maison même d'un conventionnel.

Si donc à Verfeuil, le seigneur a pu éviter l'exil et l'échafaud, lui et sa famille, et rester possesseur de ses domaines ; si la guerre civile locale n'a pu éclater, et si la sédition de quelques mutins factieux a pu être efficacement et définitivement réprimée, c'est qu'à Verfeuil il ne s'est pas trouvé un traître au service des terroristes et bourreaux révolutionnaires, pour dénoncer le seigneur et les honnêtes citoyens, et que la commune a eu l'insigne faveur de se trouver gouvernée par une municipalité exemplaire.

Avant que la Convention et la Terreur imposent silence au seigneur de Verfeuil, dans la défense de ses intérêts vis-à-vis de la municipalité, et l'obligent à disparaître de la scène pendant quelques années encore, nous allons produire son dernier mémoire (1) relatif à

_______

(1) Daté du **23** février 1793.

la délibération prise le 1<sup>er</sup> janvier 1793, touchant la propriété des bois, et la consultation de M. Gautier sur cet article, et sur la responsabilité de la municipalité, par rapport à l'envahissement et à l'incendie du château de Verfeuil.

Puis à partir de cette date du 23 février 1793, les annales feront silence jusqu'en 1802.

MÉMOIRE DE M<sup>r</sup> D'ORNAC SUR LA PROPRIÉTÉ DES BOIS DE VERFEUIL DATÉ DU 23 FÉVRIER 1793, EN RÉPONSE A LA DÉLIBÉRATION DU 1<sup>er</sup> JANVIER 1793.

Le ci-devant seigneur de Verfeuil a été maintenu dans cette propriété en vertu d'un arrêt de la Chambre de l'Edit de Castres, rendu en contradictoire défense en 1664. Postérieurement à cet arrêt, ledit seigneur voulant traiter favorablement les habitants de Verfeuil, qui par ce jugement souverain se trouvèrent condamnés envers lui à des frais et des restitutions considérables, à raison des dépopulations et des coupes faites dans lesdits bois, excepté du glandage et du pâturage dans la jouissance desquels ils avaient été maintenus par ledit arrêt ; le seigneur, dis-je, voulant traiter favorablement lesdits habitants, transigea avec eux. Par cette transaction, les sommes dûes au seigneur, en frais et en restitutions furent modérées et mises à constitution de rente sur la communauté, qui la paye encore aujourd'hui. (Depuis deux ou trois ans la Communauté à discontinué de payer cette rente.) Le seigneur accorda encore aux habitants le droit de prendre du bois pour leur chauffage, de la ramée pour leurs bestiaux, et tout le bois nécessaire pour leurs outils aratoires, la construction de leurs bâtiments, moyennant la redevance annuelle d'une émine de tozelle par feu. (Si le ci-devant seigneur est maintenu dans la propriété des bois, les particuliers ne seront-ils pas tenus de payer l'émine de tozelle pour avoir la faculté de prendre du bois.) — Il y a environ vingt ans que les habitants, en vertu de la clause de la transaction qui portait qu'ils auraient la moitié de l'écorce des chênes verts et de tous les autres écorchés, quand le seigneur voudrait qu'elle se fît, *et non autrement*, prétendirent avoir la moitié des coupes de bois, les contestations furent portées devant des arbitres qui décidèrent, que désormais les habitants auraient le cinquième du produit des coupes de bois. Cet avis arbitral qui a été homologué au Parlement, a toujours fait et fait encore la loi des parties. Les habitants qui auraient voulu avoir une portion plus considérable, firent de nouvelles demandes. M. l'Intendant permit qu'ils prissent une consultation à Nismes devant M⁰ Aldebert, qui décida qu'il était avantageux pour la Communauté de s'en tenir à l'avis arbitral, qui leur accordait le cinquième. Messieurs Albisson, J. Albisson et Granier, de Montpellier, qui furent consultés, après M⁰ Aldebert, pour jeter le plus grand jour sur les prétentions de la Communauté, furent du même avis que M⁰ Aldebert. D'après ces deux consultations, M. l'Intendant défendit à la communauté de plaider, et condamna personnellement les consuls à tous les dépens exposés devant l'Intendant.

Depuis ce temps-là, la Communauté a voulu arrêter l'exploitation d'une coupe de bois qui a été vendue en 1790, sous prétexte que la municipalité n'avait pas été appelée à la dernière enchère, quoique on eut eu la précaution de la faire assigner, pour se conformer à

l'avis arbitral qui porte que les consuls seront appelés.
Le Tribunal du district d'Uzès devant qui cette affaire
a été portée, d'après l'arrêté du département du Gard,
qui portait que la vente du bois avait été faite dans
toutes les formes, et l'examen de tous les titres ci-dessus désignés, a par jugement, levé les oppositions à
l'exploitation de ladite coupe de bois, et a condamné la
municipalité à tous les dépens envers le seigneur et les
baillistes qui ont été autorisés encore à faire estimer
par des experts, les dommages causés dans ledit bois.
Un des principaux motifs de ce jugement est que c'est
mal à propos que la Communauté a attaqué la propriété dudit d'Ornac.

Dans cet état de choses, la municipalité paraissant
disposée à élever de nouvelles contestations sur la pro·
priété des bois, d'après sa délibération du 1er janvier
1793, qu'on joint ici, on prie le conseil d'indiquer tous
les moyens propres à gagner du temps, dans le cas que
la communauté entame un procès, comme elle y paraît
décidée; pour y réussir, led. d'Ornac ne pourrait-il pas
faire valoir la responsabilité qu'il aura à exercer sur la
municipalité qui a permis que sous ses yeux, tous les
meubles et papiers dudit d'Ornac ayent été brûlés,
s'étant contentée de dresser procès-verbal à la porte du
château qu'elle aurait pu forcer pour faire rentrer les
mutins dans le devoir, et n'ayant averti le district
d'Uzès, du désordre, que vingt-quatre heures après
l'invasion du château. Cette affaire est d'autant plus
intéressante que de la propriété des bois, doit dépendre
la conservation ou la perte de la faculté.

*Consultation de Gautier sur les bois de Verfeuil.* —
Le soussigné qui a vu la copie de la délibération
prise par la commune de Verfeuil, le 1er janvier de l'an

second de la République française 1793, et le mémoire de M. d'Ornac, ci-devant seigneur de ladite commune, répondant aux questions proposées, estime : 1° que la commune de Verfeuil ne paraît pas fondée à élever de nouvelles contestations relativement à la propriété des bois qui se trouvent enclavés dans son territoire.

Il paraît que les parties sont réglées par une sentence arbitrale qui a été homologuée par un arrêt du Parlement de Toulouse, et sur cela, il se présente deux points à examiner : le premier consiste à savoir, si les réclamations de la communauté contre cette sentence seraient non recevables, et le second, si au fond, elles seraient fondées.

L'article 17, titre 17 de l'ordonnance de 1667, porte que les sentences auront force de chose jugée, après dix ans, à compter du jour de leur signification, et après vingt années à l'égard des domaines de l'Eglise, hôpitaux, collèges, universités et maladreries.

Il est donc question de savoir, si la sentence dont s'agit a été signifiée à la Communauté de Verfeuil, et si elle l'a été depuis plus ou moins de dix années.

Si la signification existe, et si elle remonte à plus de dix années, la sentence doit être regardée alors comme inattaquable, et elle doit avoir, par conséquent, sa pleine exécution.

Mais en supposant que la Communauté fût recevable à en appeler, son appel serait-il fondé sur des motifs ou des moyens capables de le faire accueillir ?

On ne pense pas qu'il soit possible de contester au sieur Consultant la propriété des bois en question. Ses droits sont établis par l'arrêt de la Chambre de l'édit de Castres de l'année 1664, qui maintint l'un de ses auteurs ; ils le sont encore sur la transaction qui fut passée à la suite et en exécution de cet arrêt, et qui en confirma les dispositions sous certaines modifications.

La sentence arbitrale ne pouvait être regardée comme injuste, et elle ne devrait être réformée qu'autant qu'elle serait contraire à l'arrêt et à la transaction qui avaient fixé les droits des anciens seigneurs, et qu'autant qu'elle porterait atteinte aux droits et aux avantages dont la communauté devait jouir en vertu de cet arrêt et de cette transaction.

Mais il paraît que le sieur Consultant désirerait gagner du temps, et il propose, si pour remplir à cet égard ses vues, il ne serait pas dans le cas d'exercer la responsabilité que les arrêts accordent contre les municipalités.

Il fonde cette responsabilité sur ce que la municipalité de Verfeuil a permis que les meubles et papiers du Consultant ayent été brûlés ; sur ce qu'elle s'est contentée de dresser procès-verbal à la porte du château qu'elle aurait pu forcer, pour faire rentrer les mutins dans le devoir, et sur ce qu'elle n'avertit le district d'Uzès, que vingt-quatre heures après l'invasion du château.

Mais suivant l'article 5 des lettres-patentes du 26 février 1790, expédiées par un décret de l'Assemblée nationale, les communes ne doivent répondre des dommages causés par des attroupements, qu'autant qu'elles ont été requises, et qu'elles ont pu empêcher les dommages. Il faudrait donc prouver, et que la commune de Verfeuil fut requise, et qu'il fut en son pouvoir d'empêcher les brigands qui se portèrent sur son château, d'y causer des dégradations et d'incendier ses meubles et ses titres.

Si le sieur Consultant n'est pas en état d'établir la

réquisition et la possibilité d'empêcher les dommages, il doit renoncer à toute action en responsabilité, et n'employer pour sa défense que les moyens fondés sur ses titres et sa possession. »

Délibéré le 23 février 1793.

Nota. — Il est nécessaire que l'opinion soit ici bien informée par les traditions locales sur l'accusation formulée contre la responsabilité de la municipalité, spécialement quant à son chef, M. Antoine Frach, maire.

M. Frach, en cette douloureuse circonstance de l'attaque du château par une bande de brigands, comme on les a qualifiés dans la réclame, fut au poste du devoir. Il protesta de toute l'énergie de sa personne, et de toute la puissance relative de son autorité, afin d'empêcher cette attaque, et prévenir l'invasion et l'incendie. Voyant l'émeute grandir devant son opposition et les efforts de sa résistance, un de ses fidèles voulut l'engager à déserter le poste où le retenait le devoir de sa charge, en lui représentant le péril auquel il s'exposait vainement... Ah ! répondit-il, je n'ai peur, ni ne tremble... ; mets la main sur mon cœur, et vois s'il bat plus fort qu'à l'ordinaire... Je reste..., et s'il le faut, je me laisserai massacrer...

Pendant ces pourparlers, un misérable séditieux avait déjà levé une pique sur la tête du courageux magistrat..., mais un bras ami et vigoureux détournant le coup, entraîna de force le maire de Verfeuil, pour le ravir à un péril mortel. C'est alors que le château fut envahi, et quelques meubles livrés aux flammes.

Nous devons ajouter que M. Antoine Frach, malgré sa position difficile et critique d'administrateur de la commune, contribua beaucoup personnellement au salut de la famille seigneuriale. Il alimenta lui-même son chef, pendant un certain nombre de jours et lui ménagea un asile tutélaire aussi longtemps que cela lui fut possible. Le souvenir du dévouement du sieur Frach était resté gravé dans la mémoire du jeune Amédée d'Ornac, le deuxième fils du baron ; et la reconnaissance l'inspirant, il conçut et proposa plus tard, un désir d'alliance avec la petite fille du sauveur de sa famille à Verfeuil. Cette proposition honorable ne fut pas agréée par des considérations très judicieuses, bien comprises et bien accueillies.

Puisque le mémoire précédent nous y rapporte, nous allons donner ici l'inventaire détaillé de tout le mobilier que renfermait le château, au moment de l'envahissement et de l'incendie. Nous avons sous la main cette pièce authentique telle que nous l'avons trouvée dans les archives. Elle nous paraît devoir intéresser la curiosité du lecteur, en le mettant exactement au courant de l'ameublement du château de Verfeuil.

*Etat du linge, des meubles et autres effets qui étaient dans le château, lors de la dévastation, du pillage et de l'incendie :*

### SALON A MANGER

Un grand buffet peint en gris, couvert d'une toile cirée qui remplissait le côté gauche en entrant.

Plus un autre buffet peint en gris et couvert d'une toile cirée qui remplissait le côté droit.

Plus un optique avec soixante estampes enluminées.

Plus une pendule avec sa caisse, bois de noyer, peint en gris.

Plus un grand cabaret en métal, vernissé, avec douze tasses et un sucrier de porcelaine de Sèvres.

Plus un petit cabaret en métal, vernissé, contenant cinq tasses et un sucrier de faïence.

Plus six tasses de porcelaine et le sucrier.

Plus une cafetière et une théière de faïence de Strasbourg.

Plus une douzaine d'assiettes de porcelaine.

Plus une douzaine d'assiettes de terre de pipe.

Plus une grande gondole à deux compartiments de faïence de Strasbourg.

Plus une grande romaine avec le poids en cuivre jaune payée au serrurier de Lussan, seize fr. ci.. 16 fr.

Plus un sceau de faïence pour rafraîchir le vin.

Plus six petits pots porcelaines de Saxe pour la crême.

Plus six petits pots de cristal, à bord doré, pour la crême avec leur étui.

Plus douze sceaux de faïence pour les verres.

Plus six salières de cristal.

Plus deux salières de porcelaine de Saxe.

Plus douze gobelets dont deux de cristal à anse.

Plus une douzaine de verres de cristal à bord doré pour la liqueur.

Plus deux douzaines de petits verres communs pour la liqueur.

Plusieurs douzaines de grands verres communs pour le vin étranger.

Plus deux petites carafes de cristal, peintes et dorées, propres à mettre le vin étranger.

Plus deux carafes de verre ordinaire.

Plus un pot de confiture plein qui avait coûté neuf francs ci . . . . . . . . . . . . . . . . . . . . . . . . . 9 fr.

Plus deux burettes de verre pour l'huilier.

Plus deux moustardières de faïence commune.

Plus un globe neuf qui avait coûté vingt-un francs ci.................................... 21 fr.

Plus une paire de rideaux de Basin avec les tringles, le ressort et les cordons.

Plus dix chaises de paille.

Plus une table à manger de dix-huit couverts avec les tréteaux.

Plus deux joncs et une sarbacane.

Plus un parapluie vert qui avait coûté vingt-quatre francs ci.......................... 24 fr.

### DÉPENSE ATTENANTE AU SALON A MANGER

Quatre urnes en pierre, dont l'une contenant deux cannes d'huile, et les trois autres contenant le petit salé, andouilles et saucisses de deux cochons et demi.

Plus deux jambons entiers — plus cinq lards.

Plus un sac de haricots blancs achetés dix francs ci............................ 10 fr.

Plus une provision de lentilles achetées cent sols ci................................ 5 l.

Plus deux livres pois achetés deux livres huit sols................................ 2 l. 8 s.

Plus un pot de miel pesant environ dix livres.

Plus une barrique contenant sept à huit pots.

Plus une urne contenant une canne d'huile de noix.

Plus trois grandes urnes de terre vides.

Plus un grand poëlon de cuivre pour faire les confitures.

Plus une grande bassinoire de cuivre.

**Plus** quatre douzaines d'assiettes de faïence blanche avec vingt-deux plats, deux terrines, deux saladiers et un sucrier.

**Plus** une provision de poterie.

**Plus** du sel pour cinq livres ci.............. 5 l.

**Plus** un réchaud d'argent haché avec une pierre pour la table.

**Plus** trois pèles et trois pincettes pour le feu.

**Plus** un porte-chandelle, deux entonnoirs pour les boudins, plusieurs cafetières, le tout en fer blanc.

**Plus** quatre chandeliers de cuivre.

**Plus** une grande barrière en bois.

**Plus** quatre paires chandeliers d'argent haché.

### SALON DE COMPAGNIE

Dix grands fauteuils, bois de noyer garnis en canevas.

**Plus** deux fauteuils de paille garnis d'une étoffe des Indes.

**Plus** une chaise longue, bois de noyer, garnie d'une étoffe de Damas.

**Plus** six chaises de paille achetées à raison de trois livres cinq sols la pièce ci.............. 19 l. 5 s.

Une table de marbre avec sa console achetée nouvellement soixante livres ci....... 60 l.

Une grande glace à cadre doré.

**Plus** deux paires de rideaux de Basin neuf, avec tringles, les ressorts et les cordons.

**Plus** une paire de chenets, pincettes, tenailles, pèle et soufflets.

**Plus** un grand écran bois de noyer et quatre autres petits écrans.

Plus une table de trictrac avec les dames, cor-
nets et dés, recouverts d'un tapis vert.
Plus une table servant de bureau, recouverte de cuir.
Plus une tapisserie en satinade à flammes.

### PETIT SALON DE PASSAGE ET PLACARDS

Une table de trictrac avec les dames, cornets et dés.
Plus un petit bureau à écrire.
Plus une petite table à pieds de biche bois de noyer
avec deux tiroirs.
Plus une table de piquet.
Plus une tapisserie en papier.
Plus cinq placards bois de mûrier avec leurs ser-
rures, contenant, savoir, celui à droite en entrant :
deux robes avec leurs jupes, dont l'une dun gros
taffetas chiné, et l'autre d'un superbe basin avec une
broderie riche en bouquets détachés, plus une toilette
d'étoffe en satin vert, avec des desseins, doublée
d'un drap de St-Cyr vert, avec une frange en or.
Plus trois livres de cocons fins dont le tiers était filé.
Plus une boîte contenant environ une livre de safran.
Plus un sac de café contenant environ sept à huit
livres.
Plus un grand sac à ouvrage de taffetas blanc, rempli
de coton pour faire des bas ; il pouvait y en avoir à
peu près quatre livres.
Plus un tiroir du placard plein de fil à coudre, de che-
villières, d'une livre de soie plate, de fil pour faire
des bas, etc.
Plus une petite tabatière qui avait coûté neuf francs :
ci............ ...................... 9 fr.
Plus deux livres de cire pliées dans un mou-
choir blanc.

Plus deux paires de souliers d'étoffe neufs.

Plus un demi pain de sucre.

Plus plusieurs bouteilles d'eau de senteur et essences de Montpellier.

Plus un petit métier en bois de rose qui avait coûté six francs : ci...................... 6 fr.

Le placard à gauche était plein de linge de table, draps de lit et linge de cuisine.

Le placard du second étage contenait, savoir : un habit, veste et culotte de velours ras, noir.

Plus une robe de petit satin vert et rouge.

Plus deux vestes de camelot noir.

Plus une porte vitrée avec une serrure, pour passer derrière les placards où il y avait tout ce qui suit :

Dix livres de bourrette filée dont un marchand avait promis quarante sols la livre.

Plus trois livres bourrette très fine, teinte en bleu, jaune, vert et brun, à cinq sols la livre.

Plus une boîte de carton contenant un bonnet d'enfant, d'un tissu d'or avec les turbans, le tout garni en grandes dentelles d'or.

Plus un autre carpan de velours cramoisi à fleurs d'or.

Plus plusieurs nœuds d'épée garnis en or et argent.

Plus six livres chandelles renfermées dans une boîte de carton.

Plus environ cinq ou six livres de fil fin pour faire de la toile.

Plus quatre paillasses.

Plus deux paires de draps pour la campagne.

Plus un sac de clous dits *cledins*.

Plus un sac de clous dits *moutus*.

Plus un cent de trafiches et cinquante clous à
tête de champignon.

Plus un panier contenant quatre volans.

Deux poudes et autres ferrures telles que deux
crochets en fer.

Plus un sac de plombs pesant environ quarante
livres.

Plus un tuyau de cuir de huit toises de longueur.

Plus un fusil.

Plus une épée dorée avec la poignée garnie en
fil d'argent.

Plus trois petites scies, une paire de tenailles,
un marteau, un foret avec les vrilles, un pou-
dard qui avait coûté 56 s.

## CHAMBRE DE M. L'ABBÉ DE SAINT-MARCEL

Un lit en canevas travaillé en soie tout doublé de satin
jaune, la courte-pointe du même satin jaune, les
rideaux en bourre de soie jaune, le tout neuf, avec
le bois du lit à roulettes en noyer, une bergère en
bois peint en gris, avec son coussin plumes d'oie, le
tout garni en taffetas broché.

Plus quatre grandes chaises rembourrées, garnies en
satin, à rayes jaune et bleu.

Plus une tapisserie à rayes jaune et bleu.

Plus un trumeau sur la cheminée.

Plus une paire de chandeliers d'argent haché.

Plus une paire de chenets, pincettes, pèle et une paire
de soufflets.

Plus une commode à trois tiroirs, bois noyer.

Plus un petit pot à l'eau, avec jatte de superbe faïence,
et une charnière d'argent.

**Plus** une paire de rideaux en basin neuf avec les cordons, tringles et ressort.

**Plus** une table de nuit, bois de cerisier, avec le pot de chambre en faïence.

CABINET DE M. L'ABBÉ DE SAINT-MARCEL

**Deux** bergères absolument semblables à celle qui a été désignée à la chambre ci-derrière.

**Plus** une chaise longue avec gros coussin, le tout garni d'un satin de hollande ; un bureau à la mode appelé Bonheur, de jonc avec le dessus de marbre ayant coûté, il y a deux ans, soixante-neuf francs : ci.................... .... .................. 69 fr.

**Plus** un bergère de bureau, tournante, en cannes, peinte en gris bleu.

**Plus** une bergère de bureau avec le support de l'écran en argent haché, l'écran en taffetas vert

**Plus** un rideau de fenêtre en toile.

CHAMBRE DE MADAME

**Une** commode en bois de noyer à trois tiroirs.

**Plus** une autre commode à huit tiroirs en marqueterie avec les pieds dorés.

**Plus** deux fauteuils garnis en canevas.

**Plus** une tapisserie en satinade.

**Plus** un trumeau sur la cheminée.

**Plus** une paire de chenets, pincette et pèle.

**Plus** une paire de bras de cheminée dorés.

**Plus** une paire de rideaux toile de Hollande, avec cordons, tringle et ressort.

**Plus** une tablette à trois étages en bois de cerisier.

Plus un petit nécessaire couvert en nacre.

Plus deux cassettes couvertes en maroquin et garnies de clous dorés.

Plus une paire de pistolets de maître demi-arçon.

Dans l'alcôve, un lit en damas vert avec les deux rideaux en bourre de soie verte, bois de lit en noyer.

Plus une table de nuit, bois de cerisier, avec deux pots de chambre en faïence.

Plus une grande armoire, bois de noyer, contenant beaucoup de linge de table, draps de lit et couverture d'été.

Plus une autre armoire, bois vernissé en noir, contenant des hardes et du linge.

Plus une gibecière garnie de trois sacs à plombs dont deux tout neufs, un tire-bourre et un tournevis.

Plus un fusil à deux coups, à un des canons duquel on avait fait mettre une pièce.

Plus un fusil à un coup, dit carabine comminarc.

Plus un manteau de drap bleu clair, tramé de gris.

Plus un balai de crin pour ôter les araignées, acheté actuellement quatre livres : ci.............. ...... **4 l.**

Plus deux paires de bottes.

Plus huit paires de souliers de Madame.

Plus six paires de souliers de Madame.

Plus une grande tringle à l'alcôve.

Plus une veste, descentes de drap chamois avec un petit galon en or et les derrières de moleton.

### CABINET DE LA TERRASSE

Une commode à deux tiroirs, bois de cerisier, dont un tiroir contenait des hardes de toute espèce, comme des habillements de Madame et de la petite, vestes, culottes, etc.

Plus quatre rasoirs.

Plus un sac de peau contenant douze à quinze livres de poudre pour les pétards.

Plus un grand sac de peau avec une ou deux livres de poudre à poudrer.

Plus deux petits sacs de peau, vides.

Plus un plat à barbe de faïence avec trois serviettes et deux savonnettes.

Plus un petit miroir.

Plus une boîte à poudre avec la houppe.

Plus un grand peignoir d'homme et un grand peignoir de femme.

Plus un porte-peigne garni de tous les peignes nécessaires.

Plus un petit pot à l'eau de faïence avec sa jatte de même.

Plus deux tablettes dont l'une bois de cerisier, et l'autre de bois peint et vernissé en noir.

Plus un trumeau environné d'un grand cadre doré.

Plus une toilette avec toutes ses garnitures ayant coûté quatre louis : ci . . . . . . . . . . . . . . . . . . . . . . . 96 fr.

Plus un pliant.

Plus une male qui avait coûté, il y a un an, vingt-quatre livres : ci . . . . . . . . . . . . . . . . . . . . . . . . 24 l.

Plus une autre petite male pleine de petites choses qu'il est impossible de détailler.

Plus une table à pieds de biche.

Plus un grand rideau à l'alcôve d'une étoffe de laine rouge très belle avec la tringle.

Plus une paire de rideaux de fenêtre d'indienne.

Plus une chaise garnie en gros coussins à duvet regarnis en indienne.

Plus une chaise de toilette garnie d'un coussin de duvet regarni en satin jaune.

Plus quatre chaises de paille.

Plus un placard contenant ce qui suit :

Une paire de chandeliers en cristal.

Plus des bras de cheminée de cristal.

Plus une douzaine de demi-bouteilles de différentes liqueurs de Montpellier.

Plus une bouteille d'eau de lavande ambrée.

Plus six bouteilles de liqueurs étrangères.

Plus six petites bouteilles de sirop de capillaire.

Plus plusieurs petites bouteilles d'essence et eaux de senteur de Montpellier.

Plus un huilier de verre avec les burettes de même.

Plus quatre grandes bouteilles pour contenir des pêches à l'eau-de-vie.

Plus une tasse de jaspe représentant un petit Bacchus de prix.

Plus deux ou trois petits magots de porcelaine de Sèvres.

Plus une écritoire en bois de noyer.

Plus une outre contenant deux pots de vin.

Plus un autre placard contenant les deux nouveaux terriers de Verfeuil et de Saint-André, cinq ou six registres de notaire, tous les papiers et titres de ma famille et de celle de Madame.

Plus un manteau fourré garni en taffetas qui avait coûté soixante livres : ci. . . . . . . . . . . . . . . . . . 60 l.

Plus un gros manchon d'oursin.


PREMIÈRE CHAMBRE DES CAPUCINES

Un grand bois de lit en noyer avec le lit, rideaux de

lit, tapisseries et deux grandes bergères, le tout de
la même toile de coton à flamme bleu et blanc.

Plus quatre chaises rembourrées et regarnies en
satin bleu et jaune.

Plus une commode bois de noyer.

Plus une table de toilette avec la garniture et le dessus en basin, avec une grande glace à cadre de velours cramoisi, trois coffres, deux boîtes à poudre
et trois autres boîtes, le tout regarni en velours
cramoisi galonné en or.

Plus un bridet avec une seringue qui avait coûté depuis peu, vingt-quatre livres : ci............ 24 l.

Plus une table de nuit en bois de noyer avec
deux pots de chambre de faïence.

Plus un petit pot-à-l'eau avec sa jatte de
faïence.

Plus un trumeau sur la cheminée.

Plus deux rideaux de fenêtre en toile de Rouen
avec les cordons.

Plus un soufflet, des chenets, pèle et pincettes.

SECONDE CAPUCINE

Deux lits à la turque d'une étoffe de filasse garnie
avec les rideaux de même.

Plus une tapisserie de satin jaune.

Plus six chaises rembourrées et regarnies d'un damas jaune.

Plus une chaise longue avec ses coussins, regarnie
en indienne, ayant coûté quatre-vingt-seize livres :
ci.... ...... ... ... ... .......... ...... 96 l.

Plus une commode de bois de noyer.

Plus une grande et belle glace avec un grand cadre en bois d'ébène.

Plus un pot-à-l'eau avec sa jatte en faïence.

Plus une table de nuit bois de noyer avec deux pots de chambre de faïence.

Plus deux rideaux de fenêtre en toile de Rouen avec cordons.

Plus, la commode était pleine des hardes de trois enfants, comme d'habits, vestes, culottes, linge, etc.

### TROISIÈME CAPUCINE

Un lit garni en satin à trois couleurs avec les rideaux de la même étoffe.

Plus un sopha garni en canevas.

Plus deux bergères garnies en canevas.

Plus quatre chaises rembourrées et regarnies en satin à trois couleurs.

Plus une commode de noyer.

Plus une grande glace avec cadre doré.

Plus une paire de rideaux de toile de Rouen avec les cordons.

Plus un pot de chambre de faïence.

### CHAMBRE DE LA FEMME DE CHAMBRE

Un lit en bancs.

Plus une table.

Plus une chaise.

### CHAMBRE DU DOMESTIQUE

Un lit en bancs.

Plus une chaise.

Plus une table.

*Etat des paillasses, matelas, traversins, plumeaux, couvertures d'hiver et d'été, et couvre-pieds qui étaient dans les chambres de mon frère, de Madame, de Marianne Senouillet, et dans les trois capucines :*

Paillasses 8.
Matelas 20.
Traversins 10.
Couvertures d'hiver 20.
Couvertures d'été 9.
Couvre-pieds 3.
Plumeaux 2.

------

Grâce à la prépondérance du génie de Bonaparte, le calme, l'ordre et la tranquillité s'établissent entre les citoyens, qui ne forment plus qu'une même famille armée pour la défense de la patrie. Les seigneurs non exilés, quittent leurs cachettes. Et, pour ne pas sortir des limites de notre petite histoire locale, hâtons-nous de dire que le baron est heureux de profiter de ce calme de politique intérieure, pour venir retrouver sa famille, et reprendre la direction de ses affaires. La Révolution n'a pu le déposséder de ses domaines, mais aussi n'a-t-elle pu éteindre le litige interminable, élevé depuis des siècles, entre le château et la commune. Le mémoire suivant tend à confirmer les droits du seigneur propriétaire des bois contre les prétentions de la municipalité :

*Mémoire sur la propriété des Bois de Verfeuil. La propriété des Bois de Verfeuil est établie en faveur du citoyen d'Ornac :*

« 1° Par un arrêt de la Chambre de l'édit de Castres de l'année 1664, qui maintint l'un de ses ancêtres.

« 2° Sur une transaction qui fut passée avec les habitants dudit Verfeuil à la suite et en exécution de cet arrêt, et qui en confirma les dispositions sous certaines modifications.

« 3° Sur une sentence arbitrale qui règle les parties depuis plus de 25 ans. On ignore si elle a été signifiée à la Communauté, mais il est constant que la Communauté s'est appuyée de ce titre pour établir son droit de propriété sur un cinquième desdits bois.

« 4° Sur l'article de la matrice du rôle dudit Verfeuil mentionné au neuvième cahier et énoncé comme il suit :

« Les Bois confrontant du levant les terres des particuliers, couchant les bois de Lussan, bise la rivière de Guilhon, du marin celle de Davègue, contenant 2,000 arpens, possédés par le sieur d'Ornac et la Commune, sçavoir : la Commune pour le cinquième, le dit d'Ornac les quatre cinquièmes, et le pâturage pour la Commune, revenu net d'après les ventes pour ledit d'Ornac : ci...................... 1.600 l.
pour la Commune, soit pour le cinquième
des ventes ou pâturage, les frais de garde
prélevés : ci ........................... 1.100 l.

« 5° Et enfin sur la quittance de la Contribution foncière depuis 1791.

« En suite de ce mémoire qui fixe les droits des parties, nous citons une requête de M. d'Ornac présentée
le 30 messidor an X de la République (1802), à l'occasion de l'envahissement et dévastation des bois par
les habitants qui, profitant des tristes circonstances
de la Révolution de 1793, se permirent de se faire
justice sur le litige tant de fois discuté entre le baron
de Verfeuil et la Communauté.

« Cette requête posant pour base des droits réciproques des parties, la transaction de 1645, porte ce qu
suit : Le citoyen d'Ornac se croit fondé à réclamer la
perception des rentes qui sont le prix de la concession
faite aux habitants:

« Ces rentes ne sont nullement féodales, l'acte n'en
porte aucun caractère, et cela est facile à concevoir,
puisqu'il ne s'agit point de concession de fonds, mais
de la faculté accordée aux habitants de Verfeuil de
prendre dans ces bois, les articles pour leur usage ; ces
concessions ont été faites à la charge par chaque habitant de ladite commune de bailler et payer annuellement et perpétuellement à chaque fête saint Michel,
une éminée bled tozelle marchande mesure de Bagnols,
pour chacun habitant résidant dans led. lieu et ses dépendances dud. Verfeuil, sans pouvoir contraindre le
solvable pour l'insolvable.

« En outre, il a été exposé précédemment que lesdits
habitants de Verfeuil avaient été condamnés à payer
2,000 l. pour les fonds du procès et 7,000 l. pour les
dommages et intérêts ; cette dernière somme de 7,000 l.
fut convértie en une rente annuelle de 325 l. payable
jusqu'au remboursement du capital, et par l'effet des
remboursements opérés, jusques ce jour, ladite rente
de 325 l. se trouve réduite à celle de 93 livres, ainsi

qu'il est reconnu par une quittance du percepteur de cette commune, en date du 5 août 1793, concernant les impositions de 1792. Enfin, dans l'état des choses, la question n'est pas de savoir si le citoyen Dornac peut rentrer dans la jouissance de ses biens, l'affirmation ne peut pas faire la matière d'une difficulté ; il s'agit seulement de savoir si le gouvernement peut lui imposer comme une condition préalable, la charge de payer les contributions de ce bois depuis l'an VII. On ne peut pas prétendre que le sixième de ces bois depuis l'abandon qu'il en a fait, l'indemnise aujourd'hui de la somme de ces contributions, puisqu'ils sont entièrement dévastés. D'ailleurs si l'on exigeait de lui cette condition, on le mettrait dans la nécessité de réclamer des indemnités pour raison de dévastation, et de renouveller des souvenirs qu'il préfère oublier et éteindre, pour se conformer aux intentions du gouvernement, et pour entretenir la bonne intelligence et l'harmonie qui sont heureusement établies entre lui et ses concitoyens. Ces motifs le déterminent à prendre et à vous prier citoyen ministre d'accueillir les conclusions suivantes :

« A ces causes et par les considérations ci-dessus, le citoyen Dornac demande, citoyen Ministre, que vous veuillez bien interposer votre autorité, et si vous le jugez nécessaire, celle du Conseil d'Etat, à l'effet de déclarer et ordonner :

« 1° que la déclaration d'abandon consentie par le citoyen Dornac le 26 fructidor an VII, aux registres de l'administration municipale du canton de Lussan, est nulle, et comme non avenue, comme étant obreptice et subreptice, et évidemment le résultat d'une longue série de violence et d'oppression, « et comme ne contenant d'ailleurs aucun des caractères nécessaires pour opérer une expropriation volontaire ou forcée.

« 2° Que faute par la commune de Verfeuil d'avoir exécuté sa délibération du 22 avril 1766, portant qu'elle ferait homologuer l'avis arbitral du 17 mars 1763, qui lui attribue le cinquième du prix des ventes et coupes desdits bois qui se feront par les propriétaires du cheflieu, ledit avis arbitral demeure pareillement comme nul et non avenu, n'étant pas revêtu des formes qui seules pouvaient en assurer l'exécution. En conséquence que les droits et intérêts des parties seront irrévocablement et perpétuellement déterminés par la transaction du 17 janvier 1645, seul titre authentique qui subsiste sur le fait dont il s'agit ; et que conformément à ladite transaction, le citoyen Dornac et ses successeurs ou ayants cause, seront et demeureront comme par le passé, seuls et uniques propriétaires de la totalité desdits bois, sans que la commune ou les habitants de Verfeuil, ni qui que ce soit, puissent y prétendre aucun droit de copropriété, ni aucunes portions afférentes dans le prix des coupes qui en seront faites à l'avenir : le tout néanmoins à la charge par ledit citoyen Dornac, à quoi il s'oblige de nouveau, en tant que besoin, tant pour lui que pour ses successeurs ou ayants cause, de laisser jouir les habitants de ladite commune de Verfeuil, de tous les droits de paccage, pâturage, glandage et autres droits et usages qui leur sont assurés par ladite transaction, sous la condition conforme au texte de ladite transaction, de payer, à compter du jour de la décision qui interviendra, audit Dornac, la redevance d'une éminée bled tozelle qui lui est dûe par chaque habitant dud. lieu de Verfeuil et dépendances pour le prix de la concession desdits usages.

Condamner en outre la commune de Verfeuil à payer annuellement aud. Dornac, une rente de 93 l. restant des indemnités prononcées par ladite transaction. Laquelle rente sera éteinte par le remboursement qui sera fait du capital qu'elle représente.

Ordonner enfin que l'exposant ne sera tenu de payer les impositions foncières dont lesdits bois doivent être grevés, qu'à compter du jour de sa rentrée en possession. Au moyen des clauses et concessions cy-dessus exprimées, le citoyen Dornac déclare renoncer à toute répétition contre la commune et les habitants de Verfeuil, tant pour raison de la dévastation et de la non-jouissance de ses biens, depuis dix années, qu'à tous les droits qu'il pourrait exercer, en réclamant l'effet de la responsabilité de ladite commune, à l'occasion de la violation de son domicile, du pillage et de l'incendie de sa propriété.

Fait à Verfeuil, le 30 messidor an X de la République (1802).

Nous ne possédons pas la réponse directe à cette requête de la part du ministre. Nous verrons que le procès fut continué plus tard, pour les mêmes contestations, entre Amédée Dornac, fils du requérant, et la commune de Verfeuil.

Charles-Prudent d'Ornac, auteur des précédents mémoires, avait épousé M<sup>lle</sup> Marie-Pauline-Thérèse de Niel, de Bollène (Vaucluse), dont voici l'extrait de naissance et de baptême :

« Le 7ᵐᵃ mars 1757, Marie-Pauline-Thérèse de Niel, née aujourd'hui, fille naturelle et légitime de noble Gabriel de Niel, chevalier de l'ordre militaire de saint Louis, ancien capitaine dans le régiment d'infanterie de Quercy, et de Dame Marie-Thérèse née baronne de Beaussier, a été baptisée ; le parrain a été noble Paul-François de Niel, Conseiller du Roi et son procureur au Baillage de Saint-Paul-Trois-Châteaux ; sa marraine Mᵐᵉ Magdeleine de Bezaudin, épouse de M. le baron de Beaussier, conseiller aulique de Sa Majesté le Roi de Pologne, Electeur de Saxe, ayeul de l'enfant.

« Signé : GACHON, Sacristain curé.

« Pour copie conforme :

« LE MAIRE DE BOLLÈNE.
« PÉLEGRIN aîné, adjoint. »

De son mariage avec Mˡˡᵉ de Niel (Marie-Thérèse-Pauline), le baron Charles-Prudent d'Ornac de Verfeuil eut une fille, Charlotte-Henriette-Pauline, et trois fils, Gabriel d'Ornac, Charles-François-Henri et Jean-Pierre-Amédée.

Gabriel d'Ornac mourut sous les drapeaux en 1802, comme nous le rapporte une lettre de son frère Charles-François-Henri, de Namur, où celui-ci se trouvait, à cette époque, chez le vérificateur de l'enregistrement et des domaines, en qualité d'élève dans cette administration.

Namur, le jeudi 21 janvier 1802.

*Le vérificateur de l'enregistrement et des domaines.*

Division de Bruxelles.
Département de Sambre-et-Meuse.
*Direction de Namur.*
—

Je venais, cher papa, d'écrire à la famille par l'intermédiaire du plus aimé des frères, lorsque la nouvelle de sa mort, aussi fatale qu'inattendue, m'est parvenue et m'a frappé de la douleur la plus profonde. J'ai déchiré ma lettre. Elle était écrite dans ce style gai et vraiment fraternel auquel j'étais si accoutumé avec lui. J'étais loin de prévoir l'affreux malheur qui m'accable, et de penser qu'il ne m'était pas réservé de jouir de la satisfaction de le presser dans mes bras. Périr ainsi à la fleur de l'âge, après avoir échappé au danger de plusieurs campagnes, et aux fléaux les plus terribles ! Funeste guerre ! Sans doute, cette hernie en était une suite. Est-ce une fausse honte qui a empêché mon malheureux frère de la déclarer ? ou bien, ignorait-il lui-même son mal ? La douleur m'anéantit. Je sens que mes idées n'ont plus de liaison, et qu'il m'est impossible de m'appesantir davantage sur cet événement déplorable. Mais comment s'en éloigner..., ô mon frère !... mon cher Gabriel !... si, dans le séjour où tu reposes sans doute en paix, j'aime à me flatter de cette agréable idée, tu peux nous voir encore, nous entendre, tes mânes aimables seront consolées par les vifs regrets que ta perte excite en nous. Puissé-je t'y rejoindre bientôt, dans ce bienheureux séjour ! Puissions-nous nous retrouver un jour dans un monde meilleur !... Ta dépouille mortelle a bien pu disparaître de celui-ci,

mais ton image chérie restera gravée dans nos cœurs
jusques à notre dernier soupir. Vous me restez encore ;
une mère un oncle chéris, un frère et une sœur que
j'aime autant que mon cher Gabriel (si c'est possible),
me restent. Je peux peut-être compter encore quelques
bons parents, mais en est-il un qui puisse me consoler
un moment de la perte que je viens de faire, j'en sens
toute l'énormité. Quel vide affreux pour moi !.....
Comment vous parler de moi : je me portais parfaitement à la réception de votre fatale lettre, et mon phy-
sique n'est nullement affecté ; que ne puis-je en dire
autant de mon moral !... Je prendrai sur moi pour que
ma santé ne souffre pas de la vive affliction que j'éprouve.
Puisque vous désirez mon portrait, je vous l'enverrai
le plus tôt possible. Il n'y a pas de peintre à Namur ; et
comme je voudrais être ressemblant, je serai obligé
d'attendre que le hasard m'en procure un, ou que
j'aille à Bruxelles ou à Paris ; mais je me montrerai
jaloux de remplir vos intentions à cet égard. Que n'ai-
je en ma possession l'image chérie de mon malheureux
frère ? Elle ne me quitterait qu'à la mort. Je me faisais
un plaisir de lui annoncer à ce cher Gabriel, l'intention
où était mon oncle de le mener avec lui à Lisbonne, où
il a été nommé, le 11 frimaire dernier (comme vous de-
vez le savoir), commissaire des relations commerciales ;
peut-être jettera-t-il les yeux sur Amédée.

Adieu, mon cher papa, je fais les vœux les plus
ardents pour que la douleur que vous ressentez, ainsi
que les autres membres de la famille, n'influe pas sur
votre santé. Je recueillerai toute la force dont je suis
susceptible pour résister au coup dont je suis frappé,
mais une seconde secousse pourrait m'accabler.

**Embrassez** mille et mille fois ma chère maman que

je conjure de se conserver pour nous, mon oncle, Amédée et Pauline. Il est minuit. Je vais essayer si le sommeil pourra suspendre un moment ma douleur. Mon espérance est de voir en songe l'aimable et trop infortuné frère qui en est objet. Je vous embrasse de tout mon cœur, et je suis pour la vie, votre affectionné fils.

D'ORNAC.

Le deuxième fils, Charles-François-Henri, devint sous-chef dans l'administration de l'enregistrement et des domaines à Paris, et prit, plus tard, sa retraite à raison de sa vue, selon que l'indique une lettre de sa sœur, M<sup>me</sup> la vicomtesse de Brettes, à M. Amédée en 1836.

Le troisième fils de Charles-Prudent d'Ornac fut Jean-Pierre-Amédée. Il fut attaché en qualité d'élève au consulat d'Espagne, à Barcelone, le 29 floréal an X (1802), auprès de son oncle, M. Viot, commissaire des relations commerciales de la République. Plus tard, 17 février 1808, il fut nommé chancelier par M. Molin, vice-consul, et le 10 décembre 1814, il fut appelé aux mêmes fonctions, au vice-consulat de Corot, en Irlande.

Nous allons maintenant citer certaines pièces relatives aux diverses étapes de la jeunesse de M. Amédée d'Ornac, qui doit devenir baron et seigneur de Verfeuil.

La première est une lettre du ministre des relations extérieures au citoyen Viot, commissaire des relations commerciales de la République à Barcelone (1).

(1) *Nota.* — M. Viot était l'oncle de M. Amédée d'Ornac par son alliance avec Marie-Anne Payan de l'Estang, sœur utérine de M<sup>me</sup> de Verfeuil, née Marie-Thérèse-Pauline de Niel.

Paris, le 29 floréal an X.

J'ai reçu, citoyen, votre lettre du 1er de ce mois. Je consens volontiers que vous emmeniez, à Barcelone, le citoyen Amédée-Bruneau d'Ornac, pour y travailler sous vos ordres en qualité d'élève des relations commerciales. Les titres que vous présentez en sa faveur ne peuvent manquer de m'intéresser ; et je le verrai avec plaisir se mettre en état de mériter les bontés du gouvernement.

J'ai l'honneur de vous saluer,

Signé : Ch. Mau. Talleyrand.

Pour copie conforme à l'original déposé au secrétariat et inscrit aux registres du commissariat des relations commerciales de la République française à Barcelone, le 10 frimaire an XI.

Le commissaire des relations commerciales.

Viot.

Par le commissaire,
Vignes, s<sup>re</sup>.

| **Passe-port**<br>à l'étranger.<br><br>—<br><br>DROIT DE TIMBRE<br>10 fr.<br><br>—<br><br>Conscrit de l'an 9 ayant fourni un cautionnement en exécution de la lettre du ministre de la guerre, en date du 1er ventôse an 10. | DEPARTEMENT DU GARD<br>MUNICIPALITÉ D'UZÉS<br><br>A tous officiers civils et militaires chargés de maintenir l'ordre dans les différents départements de la France, et de faire respecter le nom français chez l'étranger : Laissez passer librement le citoyen Jean-Pierre-Amédée |

d'Ornac-Verfeuil, natif de Saint-Marcel, domicilié à
Uzès, — Municipalité d'Uzès, — 2ᵉ arrondissement, —
Département du Gard, — âgé de vingt-deux ans, —
taille 1 mètre 706 millimètres, — cheveux châtains, —
sourcils de même, — yeux châtain clair, — front dé-
couvert, — nez bien fait, — bouche moyenne,— men-
ton rond, — visage ovale..... allant à Barcelone (en
Espagne), ainsi qu'il en a fait la déclaration, sans donner, ni souffrir qu'il soit donné aucun empêchement,
et prêtez-lui aide et assistance en cas de besoin.

Le présent passe-port valable pour six décades seulement, pour sortir du territoire de la République.

Délivré, d'après l'avis du sous-préfet du 2ᵉ arrondissement, en date du 9 germinal an X, et sur l'attesta-
tion du cytoyen Brunier, demeurant à Nismes, et du
cytoyen Donzel, demeurant aussi à Nismes, lesquels
ont signé avec nous.

En département, à Nismes, le 6 messidor de l'an 10
de la République une et indivisible.

Signature des attestants :

Jean Brunier, Donzel.

Signature du porteur    Le Préfet du département du Gard.
   *du passe-port*

J.-B. Dubois.

Dornac                      Secrétaire général,

Blachier.

Au verso :

Vu et enregistré sous le nº 155 au commissariat de
la République française à Barcelone, le 9 nivôse an 12,
omis d'être enregistré sous la date du 6 vendémiaire

an 10, jour de l'arrivée du dénommé aü présent passe-
port.

Le commissaire des relations commerciales.

VIOT.

Par le commissaire,
VIGNES, s<sup>re</sup>.

†

Don Juan Procopio de Bassecourt, Bryas, Thieulaine
Lopez de Ulloa, chatelet, senechal, Caron y de Mauve
Conde de Santa-Clara, baron de Mayals, senor de los
Lugaros, Terminos y Castillos de Mayals, Liardecans y
Manso den-Nogues, caballero gran crux de la real y
distinguada orden Espanola de Carlos III y de la mila-
tar de Santiago, Teniente general de los Reales exer-
citos de Sa Majeste, gobernados y capitan general del
exercito y principado de Cataluna, y presidente de su
Real audiencia, etc.,

*Senas* (1)

|  |  |
|---|---|
| Edad | Concendemos libre y seguro pasa- |
| Estatura | porte al cindadain Juan Pedro Dornac, |
| Pelo y Cejas | oficial del comisariaro à Francia en |
| Ojos | esta provincia quel pasa con su |
| Nariz | criado en posta à Francia, en comi- |
| Boca | sion del gobernio Francez. |
| Barba | Çuya edad, y senas son las que se |
| Fronte | expresan al margen, y su firma es la |
| Cara | de debaso à nuestre sello. . . . . . . |

(1) Le sens de ce passeport espagnol est que le comte de Sainte-
Claire, après le visa du passeport français et l'énumération de
ses titres personnels, accorde libre et sûr passage au citoyen
Jean-Pierre-Amédée d'Ornac, qui vient de France avec son

— Y le abona el comisario al Relaciones comerciales
ela Republica Francesca. —

Y Ordenamos y mandamos à todos los Ministros
de Guerra, y Justicias sujetas à nuestra jurisdiccion, y
à los que no lo son, pedimos y encargamos no lo pon-
gan impedimento alguno en su viage : àntes bien le
den la asistencia que necesitare, por convenir asi al
Real servicio.

Dado en Barcelona à 8 — de Avril -- de 1804
        valga per               dias
                             E. S^ta CLARA.
                         Antonio ALLOLA.

Sello +
firma del Interesado
DORNAC

*Au verso* : Vu et certifié véritable la signature de
               Monsieur le Comte de Sainte-Claire,
               capitan général de la province de Cata-
               logne, apposée au bas du passeport de
               l'autre part.
            Certifions, en outre, que les personnes dé-
               nommées au passeport de l'autrepart ne
               viennent point de Malaga, ni d'aucune
               autre contrée d'Espagne, où l'épidémie
               ait pu s'étendre ; et qu'il n'y a eu, en
               cette ville de Barcelone, ny province de

domestique, en commission du gouvernement français, comme
attaché au commissariat des relations commerciales de la République française. Il ordonne et commande à tous ses officiers de
guerre et autres administrations qui sont ou non sous sa juridiction, de n'apporter aucun obstacle à ce voyage, et de prêter
même l'assistance nécessaire, en rapport avec la dignité du service royal.

Catalogne, aucun signe de maladie conta-
gieuse.

Au Commissariat de la République française
à Barcelone, le dix-huit Germinal an
douze.

Le Commissaire des Relations commerciales.

VIOT.

Par le Commissaire,

VIGNES, s<sup>re</sup>.

Sceau +

Passeport de M. Dornac

Le jeune Amédée Dornac subit, pendant trois ans,
l'exercice d'élève au Commissariat des Relations commerciales, auprès de son oncle, M. Viot, à Barcelone.
Son désir d'avancer dans cette voie lui fit adresser une
supplique à un ami de son oncle. Voici la réponse qui
lui fut donnée :

RELATIONS EXTÉRIEURES                 Cadix, le 6 floréal an 13.

*Le Sous-Commissaire, Chancelier des Relations
Commerciales, en Andalousie.*

Le G<sup>eur</sup> Canclaux (1), auquel j'ai écrit, Monsieur,
dans les termes les plus instants à vôtre égard, fera, je
n'en doute pas, ce qui dépendra de lui pour appuyer,

(1) M. Canclaux était vice-consul de France à Cadix quand
M. de Chateaubriand y arriva le 4 avril 1807 à son retour de Jérusalem ; il en fut reçu, dit-il, avec une extrême politesse, ainsi
que par le consul M. Leroi (Itinéraire de Paris à Jérusalem, p.396).

auprès de M$^r$ de Talleyrand, l'objet de vos désirs. J'ose être le garant de la bonne volonté, et de toute l'obligeance qu'il y apportera. Reste donc présentement à engager M$^r$ vôtre oncle à faire une demande au Département, soutenue des titres que vous avez acquis pendant les trois années d'exercice d'élève à Barcelone ; il sera aussi nécessaire qu'il en écrive au général.

Je vous remercie, Monsieur, des expressions obligeantes que renferme vôtre dernière et aimable lettre du 23 germinal. Je n'ai pas moins été sensible aux souhaits qu'elle contient sur mon avancement, et je ne saurais assez vous exprimer combien j'en ai été pénétré de reconnaissance.

Veuillez agréer, mon cher Monsieur, avec le souhait que je forme pour la réussite de vos désirs, l'expression des sentiments d'attachement avec lesquels,

J'ai l'honneur de vous saluer,

MANCLAUX.

*P.-S.* — Mille et mille choses obligeantes à M$^r$ Viot.

Je m'occupe de l'objet que M$^r$ Molin m'a demandé. Mes compliments à ce dernier, ainsi qu'à M$^r$ Vignes.

Il est probable que la réponse du ministre à la supplique en faveur de M. Amédée d'Ornac fut favorable, puisque le 17 février 1808, il fut nommé chancelier par M. Molin, vice-consul. Plus tard, le 10 décembre 1814, il fut appelé aux mêmes fonctions, au vice-consulat de Corot, en Irlande, place qu'il conserva jusqu'aux Cent Jours.

Environ deux mois et demi avant cette nomination, il avait reçu une distinction d'heureux augure : la décoration du lys.

Voici la lettre qui la lui signifiait :

DÉCORATION DU LYS                    Paris, le 17 septembre 1814.

MONSIEUR,

J'ai l'honneur de vous prévenir que MONSIEUR vous a accordé la décoration du lys.

Vous voudrez bien en donner connaissance à M$^r$ le ministre de la guerre, en lui envoyant vôtre nom, pour qu'il soit porté sur la liste des personnes qui ont obtenu cette décoration.

Le C$^{te}$ F. D'ESCARS.

Comme nous l'avons déjà déclaré, le retour de Bonaparte le fit dégommer de son emploi de chancelier. Aussi, s'empressa-t-il, après les Cent Jours, d'adresser la supplique suivante à M. de Talleyrand, ministre des affaires étrangères :

*A Son Altesse le Prince de Talleyrand, ministre des affaires étrangères.*

MONSEIGNEUR,

Le soussigné, Jean-Pierre-Amédée d'Ornac, natif de Nismes, département du Gard, fils de M$^r$ le Baron d'Ornac de Verfeuil, a l'honneur d'exposer à Vôtre Altesse, qu'il fut attaché au consulat de France, à Barcelone, Espagne, depuis le 29 floréal an X, époque à laquelle vous voulûtes bien l'admettre en qualité d'élève; que le 17 février 1808, il fut nommé chancelier par M$^r$ Molin, vice-consul, et le 10 décembre 1814, appelé aux mêmes fonctions, au vice-consulat de Corot, en Irlande, place qu'il aurait conservée sans le retour de Bonaparte. Maintenant que les Relations commerciales vont se rouvrir, sous le Gouvernement juste et paternel de S. M. Louis XVIII, le pétitionnaire sollicite une place de vice-consul qu'il désirerait obtenir ou en Espagne, ou en Italie, par la connaissance qu'il a des langues de ces deux pays. Il joint à sa pétition, copie de la lettre de S. E. M<sup>r</sup> de Janicourt, qui avait le portefeuille des affaires étrangères, sous le Roi, à M<sup>r</sup> le Baron de Chabaud de Latour, ci-devant membre de la chambre des députés. Il ose espérer, d'après le temps de son exercice, que Votre Altesse jugera convenable de lui accorder cette faveur du Gouvernement, dont il conservera une entière reconnaissance.

Il est avec un profond
Respect,
de Votre Altesse,
Le très-humble, très-obéissant et très-dévoué
Serviteur,

D'Ornac.

Sans pouvoir produire le témoignage authentique d'une réponse favorable à cette supplique, nous croyons pouvoir affirmer, sur le souvenir d'un témoignage oral, que M. Amédée devint vice-consul à Milan. Il nous a été raconté qu'à l'occasion de ses rapports avec un ministre du gouvernement, auprès duquel il était accrédité, ce ministre daigna faire hommage à M<sup>me</sup> la baronne de Verfeuil, sa mère, d'un miroir en cristal ciselé, d'une certaine valeur. Nous avons surtout remarqué un autre miroir, de moyenne dimension, avec cadre ciselé en porcelaine de Sèvres, vrai bijou artistique.

Ce miroir, d'après un mémoire du château, serait

un hommage fait par un pape à M^{me} la baronne
de Verfeuil, à l'occasion d'un rapport de parenté. —
Un amateur en a offert 6,000 francs comptant, au propriétaire du château, M. Théodore Camp, qui a eu le
tact délicat de répondre par un refus formel, à cette
proposition. Certains connaisseurs ont estimé le miroir
10,000 francs, et deux plats en porcelaine de Sèvres,
3,000 francs. Ces deux objets d'art ont obtenu une
médaille de bronze à l'exposition d'Avignon.

---

A la suite des détails intéressants que nous avons
exposés, relativement aux trois fils de M. Charles-Prudent d'Ornac et de M^{me} d'Ornac de Verfeuil, née
Marie-Thérèse-Pauline de Niel, il nous reste à parler
de leur fille, M^{lle} Charlotte-Henriette-Pauline d'Ornac.
Elle avait épousé M. le vicomte J.-Baptiste de Brettes,
d'abord inspecteur de l'enregistrement et des domaines
à Aubusson (Creuse), où il résidait en 1822 ; — plus
tard, directeur dans la même administration, à Nîmes,
où il résidait en 1828, — enfin, à Périgueux, de même,
où il résidait en 1836, — et je crois définitivement, —
dans les propriétés qu'il y possédait. Nous constatons
les deux premières dates dans les actes judiciaires entre
les héritiers de feu Charles-Prudent de Bruneau d'Ornac,
baron de Verfeuil, et le sieur Louis Mégier, propriétaire à Verfeuil ; et la troisième date, dans une lettre
de M. le vicomte de Brettes à son beau-frère, le baron
de Verfeuil, en 1836, et celle de M^{me} la baronne de
Brettes à monsieur son frère, aussi en 1836.

Les intéressantes digressions que nous nous sommes
permises à l'égard des enfants de M. Charles-Prudent

d'Ornac, ne peuvent blesser et froisser son paternel souvenir, sur lequel nous n'avons pas encore dit le dernier mot.

La mort du baron fut tragique. Il se récréait en cueillant des olives, dans un enclos situé au couchant du château, au quartier vulgairement appelé la *Posterle*. Soit maladresse, imprudence ou vertige, il fit une chute malheureuse à laquelle il ne survécut que quelques heures, après son transfert dans le salon du château. C'était le 20 mai 1803.

M<sup>me</sup> V<sup>ve</sup> D'ORNAC DE NIEL, BARONNE DE VÉRFEUIL

(1803-1831)

M. Charles-Prudent d'Ornac, baron de Verfeuil, mourut *ab intestat*. Ses biens échurent à ses trois enfants par portions égales.

Quant à l'administration domaniale, elle resta entre les mains habiles de M<sup>me</sup> de Verfeuil, depuis 1803 jusqu'en 1831.

La première date est vérifiée par une requête à M. le sous-préfet du second arrondissement du Gard du 24 mars 1808, visant les droits seigneuriaux de M<sup>me</sup> de Niel, veuve de Charles-Prudent de Bruneau d'Ornac de Verfeuil, sur la commune de Saint-André-d'Olérargues, comme successeur aux biens et droits de feu M. François de Brueys.

La seconde, par la note des frais funéraires de M<sup>me</sup> de Verfeuil, du 26 mars 1831.

C'est pendant l'administration de M<sup>me</sup> la baronne, que les habitants de Verfeuil s'étant replacés légalement dans les dispositions établies entre eux et le seigneur de Verfeuil, par la transaction de 1645 et les arrêts antérieurs à 1793, les redevances pour la faculté furent remises en pratique. Il nous plaît de citer ici les noms des redevanciers pour 1821, tels que nous les rapporte la feuille suivante :

« Feuille pour la faculté de 1821 qui doit s'effectuer à la saint Michel, pour le payement des arrérages de la pension d'une éminée de bled tozelle, mesure de Bagnols, que me servent les habitans de Verfeuil, à raison d'une éminée par chaque feu.

| Années pour lesquelles on a payé | NOMS ET PRÉNOMS | Éminées payées | Dates du paiement | OBSERVATIONS |
|---|---|---|---|---|
| 1814 | Dupiat Etienne. | 1 | 1821 | promp. 1820 doit 1821. |
| 1814 | Charre Jean. | 1 | 30 s. | |
| 1816 | La v⁰ Bernard Jean de Collongres. | 1 | id. | |
| ar. 1815 | Coste François de Montèze. | 11 fr. | 10 oct. | reste devoir 17 fr. en 1821 |
| 1815 | Laville Joseph de Montèze. | 1 | 14 oct. | |
| 1816 | Blanchard Pierre de Verfeuil. | 1 | id. | |
| 1821 | Camproux Jean d'Audabiac. | 1 | 21 oct. | |
| 182 | Camproux François d'Audebiac. | 1 | 29 oct. | |
| 1814 | Serre, maréchal, de la Grange. | 1 | id. | |
| 1816 | Broche J.-B. de Montèze. | 1 | id. | |
| 1816 | V⁰ Marcel Suzane de Verfeuil. | 1 | id. | |
| 1814 | Frac Etienne de Verfeuil. | 1 | id. | |
| 1815 | Blanchard Pierre fils aîné. | 1 | 4 nov. | doit 1821, p. 1816. |
| 1814 | Robert Louis de Verfeuil. | 1 | id. | |
| 1816 | V⁰ Dupiat de Verfeuil. | 1 | id. | |
| 1816 | Frac André du mas de Mouton. | 1 | id. | |
| 1816 | Frac Louis du Moulas. | 1 | id. | |
| 1815 | Malignon J.- Louis adjᵗ. | 1 | id. | |
| 1814 | Morin J. dit Chardouille, mas Mouton. | 1 | id. | |
| 1816 | Broche J. dit Broquier, Collongres. | 1 | id. | |
| 1818 | Justin dit le Tailleur. | 1 | id. | |
| 1816 | Malignon François de Verfeuil. | 1 | id. | |
| 1816 | Barrot Martin, mas Mouton. | 1 | id. | |

| Année | Nom | Montant | Date | |
|---|---|---|---|---|
| 1816-17 | Mercier J. du Bousquet. | 11 fr. | 4 nov. | |
| 1815 | Vᵉ Frac Antoine, mas Mouton, | 1 | id. | |
| 1813 | Quittard P. fils de Verfeuil. | 1 | id. | |
| 1815 | Mercier J.-L., gⁿᵉ Mégier, Collongres. | 1 | id. | |
| 1815 | Coste Etienne de la Grange. | 1 | id. | |
| 1814 | Pontier Joseph de Verfeuil. | 1 | id. | |
| 1816 | Blanchard Simon. | 1 | id. | |
| 1814 | Blanchard Louis, Verfeuil. | 1 | 11 nov. | reste d. 10 l. |
| 1815 | Tressol de Collongres. | 1 | id. | |
| 1816 | Roussière Louis, mas Mouton. | 1 | id. | |
| 1821 | Baume J.-J., Verfeuil. | 1 | 23 nov. | |
| 1814 | Laville François, Verfeuil. | 1 | id. | |
| 1821 | Broche Dominique, Montèze. | 1 | id. | |
| 1821 | Prade Louis, Castelbourg. | 1 | id. | |
| 1816 | Prade Michel, Castelbourg. | 1 | id. | |
| 1815 | Frac Joseph, mas Mouton. | 1 | id. | |
| 1816 | Pommier, cordonnier, Verfeuil. | 1 | 27 nov. | |
| 1816 | Jauffrès Maurice, mas Mouton. | 1 | id. | |
| 1816 | Robert Jean, mas Mouton. | 1 | id. | |
| arriéré | Guiraud Louis, Verfeuil. | 1 | id. | |
| 1821 | Robert Antoine, mas Mouton. | 1 | id. | |
| 1816 | Quittard Jean, mas Mouton. | 1 | id. | |
| 1815 | Mercier Simon père de Verfeuil. | 1 | id. | |
| 1816 | Robert Joseph de la Grange. | 1 | id. | |
| arriéré | Vignal J.-B. | 1 | id. | |
| 1816 | Fabrègue J., maréchal, Verfeuil. | 1 | id. | |
| 1814 | Combes Louis de Collongres. | 1 | 26 déc. | |
| 1816 | Frac Etienne du Moulas. | 1 | id. | |
| 1816 | Mégier J. de Verfeuil. | 1 | id. | |
| 1815 | Robert J. du Moulas. | 1 | id. | |
| 1817 | Mégier J. dit Passe-partout. | 1 | id. | |

Nous nous dispensons de citer ici les années 1822 et 1823, dont nous avons le catalogue sous la main, car les noms sont les mêmes, sauf trois de l'année 1823 : Frac (Joseph), de Collongres, qui a promis de payer plusieurs années qu'il doit ; Françoise, femme Puget, qui paye l'année 1817, et Pierre Quittard, de Verfeuil, qui paye l'arriéré de 1815.

Ce catalogue a une grande importance, attendu que tous ceux qui y sont inscrits ont laissé à leurs descendants directs un titre authentique devant les éventualités de l'avenir, comme cela sera expliqué plus tard, à propos du dénouement judiciaire provoqué soit par les tiraillements entre la commune et le baron, soit par les prétentions abusives et exagérées sur les bois de Verfeuil, soit par la négligence des redevanciers à payer la faculté. Quant à ceux des anciens redevanciers qui ont négligé de faire renouveler leur titre, ils sont tombés en faillite de leur faculté pour l'avenir.

---

JEAN-PIERRE-AMÉDÉE D'ORNAC,

DERNIER BARON DE VERFEUIL, 1831-1856

Après la mort de M^me de Verfeuil, en l'année 1831, son fils cadet, M. Amédée d'Ornac, représenta la famille d'Ornac dans le château et domaine de Verfeuil, pour un tiers de la succession, et devint seigneur titulaire de la baronnie. Le premier mémoire qui nous tombe sous la main en rapport avec le nouvel état des choses, est un petit cahier composé de quelques feuilles de recettes et dépenses depuis mars 1831.

Nous citons textuellement :

*Feuilles de recettes et dépenses concernant la succession de M^me la baronne de Verfeuil.*

RECETTES ANNÉE 1831.

*Du 25 mars.*

Reçu de Mégier de Frac, deux cent quatre-vingt-dix-sept francs, à compte de la coupe de Faucon, cy..................... 297 »

Reçu de Sabonadière, adjudicataire de la coupe de Lartigas, quatre cents francs, cy..     400 »

Reçu de Cadet-Laville, dix francs, à compte des buis du Devaison, livrés à raison de vingt francs, cy...............     10 »

### Du 9 mai 1831.

Vendu à Roussière, une charrette en mauvais état, cent francs, cy..... .........     100 »

### Même année.

Pour permis dans les taillis pour les mules, quarante-huit francs, cy.............     48 »

Pour un billet de cent francs, remis à Roux, garde de M. Blanchard, cy........     100 »

                       Fr.     953 »

### DÉPENSES.

### Du 23 février 1831.

1° Payé à Domergue, maçon, cent quarante francs suivant sa quittance, n° 1, cy.     140 »

### Du 25 mars 1831.

1° Bis, payé à Pierre Laville, garde particulier, pour un trimestre échu, trente-sept francs cinquante centimes, n° 1, cy..     37 50

### Dudit jour.

2° Payé à Charles, garde particulier, pour deux trimestres échus pour solde, cent vingt-cinq francs, n° 2, cy...............     125 »

Donné à Pauline, deux cent cinquante francs, à compte de sa pension, suivant sa lettre, cy.................................     250 »

### *Du 26 mars 1831.*

3° Payé à Théodore Armand, cinquante-sept francs cinquante centimes, pour onze quintaux et demi luzerne, à cinq francs le quintal, cy........................... .... 57 50

### *Dudit jour.*

4° Payé à M. le Curé de Verfeuil, trente-cinq francs, pour les frais funéraires de M^me de Verfeuil, n° 4, cy............... 35 »

### *Du 27 mars 1831.*

5° Payé à Vilette, douze francs, pour deux mois de gages, pour avoir servi ma mère, cy.. . ..................... 12 »

### *Dudit jour.*

5° Bis, payé à François Frac, pour le cercueil de ma mère, quatre francs, n° 5, cy (1) 4 »

### *Dudit jour.*

Payé à la domestique de François Malignon, quinze sols pour une douzaine d'œufs qu'elle avait fourni à ma mère ; plus seize sols à la Brillante et à la Sauzette, pour deux journées de lavage pour ma mère, cy......................... 1 55

### *Du 30 mars 1831.*

6° Payé à Joseph Héritier, colporteur de

_________________

(1) Probablement le prix de façon.

Labruguière, vingt-huit francs quarante
centimes, cy........................ 28 40

7° Payé à Bellegarde, rentier, vingt-huit
francs, pour huit onces de graines de vers-
à-soie, cy......................... 28 »

8° Payé à Jacques Coste, pour vingt quintaux de chaux, quatorze francs, cy....... 14 »

9° Payé à Pierre Rodier, maçon, quatre-
vingt-dix francs, pour construction d'un
mur au grand jardin, cy................ 90 »

10° Payé à Pommier, de Verfeuil, deux
francs quatorze sols, cy............... 2 70

### 1<sup>er</sup> mai 1831.

11° Payé à Fleur, cinquante francs, à
compte de ce qui lui est dû............. 50 »

12° Payé à Frac, de La Roque, cent qua-
rante-trois francs, cy.................. 143 »

Payé à Domergue, maçon, pour bornage
des bois de Verfeuil, vingt-cinq francs, cy. 25 »

Fr.   1.035 65

RÉCAPITULATION :

Dépenses........ 1.035 65
Recettes........   955 »

80 65

Réglé le présent compte se portant en recettes
à 955 fr., et en dépenses 1,035 fr. 65 c. Reliquat
80 fr. 65 c., que nous avons partagé, savoir : M. Malignon, les 2/3 (par procuration de M. de Brettes), et moi,

le 1/3. Quant aux articles portés en recettes concernant les coupes, lorsque les adjudicataires termineront leur compte, il faudra se rappeler que les articles portés en recettes ne doivent pas être à ma charge, en ayant déjà fait compte ici. Fait à Verfeuil, sauf erreur ou omission, 1er octobre 1832.

Le billet de 100 fr. est annulé.

D'Ornac de Verfeuil, Malignon.

A la suite du compte précédent, nous trouvons, dans le même cahier, les notes suivantes que nous citons :

28 mars 1831, payé trente francs au percepteur d'Uzès, à compte de mes contributions de ma maison d'Uzès, pour l'année 1831, suivant reçu, n° 3, cy ..... ................. 30 »

21 mai 1831, payé soixante-dix francs au percepteur de Lussan, à compte de mes contributions de Verfeuil, suivant sa quittance, n° 4, cy......................... 70 »

7 juillet 1831, payé à Boucher, d'Uzès, concierge à la Société Royale, six francs, pour dettes de la succession, suivant reçu, n° 5, cy. 6 »

14 juillet, payé à M. Roussel, d'Uzès, vingt francs, pour solde de mon compte, pour dettes de la succession, suivant reçu, n° 6, cy. 20 »

Dudit, payé à Valentin, cordonnier, d'Uzès, trois francs sept sols, pour solde des dettes de la succession, suivant sa quittance, n° 7, cy... 3 7

Id., payé à Combe ses billets de militaire, suivant sa lettre du 12 juillet, n° 8.

14 juillet, payé au receveur de l'enregistrement d'Uzès, 156 fr. 13 c., pour la succession de ma mère. J'ai donné un reçu à Malignon de la portion de M. de Brettes, la quittance totale ayant été faite en mon nom. Quittance du receveur, n° 9.

Id., payé à mon garde, Coste, 33 fr. 30 c., pour son trimestre échu le 15 juillet 1831, suivant sa quittance, n° 10.

Id., payé à Chanel, seize francs, pour fourrage, suivant son reçu, n° 11, cy............ 16 »

15 juillet, soldé à Jean Charre, cabaretier à Verfeuil, tant sur son compte particulier avec moi que pour le tiers me revenant des dettes de la succession de ma mère, suivant son compte, n° 1, du 15 juillet 1831, il m'a payé ma part de faculté.

16 juillet, soldé à M. Lafont, médecin, à Goudargues, la somme quatre-vingt-onze francs, pour le tiers me revenant des dettes de la succession, suivant son compte, n° 2, cy................................... 91 »

Payé quatre-vingt-sept francs trente centimes au percepteur, le 17 septembre 1831, cy. 87 30

Reçu cent cinquante francs d'André Sabonadière, à compte de la coupe de Lartigas.

Payé à Boucher, concierge de la Société Royale, dix-huit francs, suivant sa quittance, cy................................... 18 »

Payé à M. Courbassier, médecin à Bagnols, seize francs treize sols, cy.............. 16 13

Quittance définitive de Fleur, marchand à Uzès, du 25 novembre.

### 20 *décembre* 1831.

Donné deux salmées bled, suivant quittance, aux pauvres de Saint-Marcel, pour l'année 1830 et 1831, pour le 1/3 me concernant des dettes de la succession de ma mère.

Quittance de Lafage, à Uzès, de quatre francs, cy........................................ 4 »

### 4 *janvier* 1832.

Quittance du s$^r$ Malignon de trente-trois francs soixante centimes, pour les 2/3 des intérêts d'un billet du s$^r$ Debroche, de 1,050 francs, cy................................ 33 60

### *Dudit jour.*

Quittance du s$^r$ Malignon, de cent vingt francs, pour les 2/3 concernant M. de Brettes, de la faculté arriérée, retirée en 1831, cy. .. 120 »

Reçu de Roux au commencement d'août, 100 fr., qu'il devait à ma mère par billet, le billet a été déchiré. J'ai porté cette somme en note dans le compte des dettes de la succession, que j'ai acquittées jusques au moment que s$^r$ Malignon a été chargé de la procuration de M. de Brettes.

---

Pendant tout le temps de l'administration de M$^{me}$ de Verfeuil, le litige entre le château et la commune relativement aux bois, ne fut point soulevé. Nous voyons même les habitants redevanciers répondre aux arriérés de la faculté. Cette question, néanmoins, ne faisait que sommeiller, et voilà qu'elle se réveille en 1834, 7 décembre, comme nous le révèle la requête suivante présentée par M. Amédée d'Ornac, baron de Verfeuil :

L'an 1835 et le 5 février, au requis de Mᵉ Deleuze, avoué de l'exposant, signifié et baillé copie de la présente requête à Mᵉ Boucarut et Mᵉ Piechegut, avoués en cause, en parlant pour chacun d'eux à un de leurs clercs, en leur étude respective, à Uzès, coût 50 c. pour vacation. — Sʳ GAILLARD.

Enregistré à Uzès, le 6 février 1835, folio 69, case 11. Reçu un franc dix centimes, 1 fr. 10 c. — LEVESQUE.

Requête contenant défenses que baille et remet à MM. les Présidents et Juges composant le tribunal civil de première instance du deuxième arrondissement du département du Gard, séant à Uzès :

Sieur Amédée-Bruneau d'Ornac de Verfeuil, propriétaire foncier, domicilié en la commune de Verfeuil.

CONTRE :

La commune dudit Verfeuil, représentée par le sieur Jean Mégier, son maire.

EN PRÉSENCE :

De dame Pauline de Verfeuil et de sieur de Brettes, mariés, directeur de l'enregistrement et des domaines, domiciliés à Périgueux.

Par exploit de Manouard, huissier d'Uzès, 7 décembre 1834, la commune de Verfeuil, représentée par sʳ Mégier, son maire, a fait assigner l'exposant pour comparaître dans les délais de la loi..... à l'audience du Tribunal de céans pour voir, dire et ordonner que en conformité aux termes qu'elle rappelle dans ladite assignation, ses habitants ont droit sur les bois et forêt qui sont situés sur le territoire de Verfeuil :

Premièrement, vendre et affermer aux étrangers les herbages du terroir, de couper et prendre du bois dans lesdits bois, et de prendre à demi-fruits des étrangers toute sorte de bétail.

Secondement, d'avoir le droit exclusif aux herbages, pâturages et glandages de tout le terroir, bois et forêt : la faculté de prendre dans tous lesdits bois et forêt, du bois mort et mort bois, les Euzes écorcés appelés *ploumas* pour le chauffage, et du bois pour le four, du ramage pour les bestiaux, des poutres et chevrons pour la construction et réparation de leurs maisons, des claies et harnois aratoires ; la faculté de faire des fours à chaux autant qui serait nécessaire, et la moitié de la *rusque*.

Troisièmement, le droit de prendre la cinquième partie bois ou coupe de bois dans led. lieu de Verfeuil, que ladite commune de Verfeuil et ses habitants sont autorisés à user des droits et facultés sus-énoncés, dans le terroir, bois et forêt susdits et notamment introduire le bétail gros et menu et de quelque espèce qu'il soit, même les chèvres, brebis et moutons, dans tous les bois âgés de plus de trois ans, et de cueillir les bois de tout âge, et ce, sans que ladite commune et habitans soient soumis à la demande en délivrance annuelle, et soit que lesdits bois soient défensables ou non défensables, le mode d'exécution des droits établis par les titres n'ayant point été, ou n'ayant pu être abrogés par le nouveau code forestier, puisque ce mode a subsisté nonobstant l'ordonnance de 1669 qui contenait les mêmes dispositions, et qu'il ne s'agit pas dans l'espèce d'un droit d'usage et concession à titre gracieux, ou usurpé par prescription, mais bien d'un droit acheté à titre onéreux, résultant des titres conventionnels antérieurs à ladite ordonnance et audit code, et dont la valeur est payée tous les ans à la famille de Verfeuil, par la remise que lui fait chaque chef de famille d'une éminée de bled tozelle conformément à la transaction de 1645, se voir l'exposant faire défense et inhibition de troubler ladite commune et chacun de ses habitants dans l'exercice desdits droits et facultés ainsi entendus, sous peine des dommages et intérêts et se voir condamner aux dépens, sous la réserve de la part de la commune de Verfeuil, d'additionner aux fins et d'appeler en cause les mariés de Brettes, co-propriétaires desdits bois. Sur cette assignation, le sieur Amédée d'Ornac de Verfeuil a constitué pour son avoué Me Pierre-Xavier Deleuze, avoué au Tribunal de céans, ainsi qu'il résulte de l'acte d'avoué à avoué signifié par Simon Grimaud, huissier audiencier, le 2 du mois de décembre 1834.

Ensuite et par acte d'avoué à avoué signifié par le même huissier le 29 du mois de janvier 1835, l'avoué dudit sieur Mégier, maire de la commune de Verfeuil, dénonce aux avoués dudit sieur Amédée de Verfeuil et des mariés de Brettes que la cause pendante entre parties avait été mise au rôle général sous le n° 1981, et les somme en conséquence d'en venir à toutes les audiences réitérées du Tribunal, pour la plaidoirie de cause pendante entre parties avec déclaration qu'en refus ou défaut, il serait pris tels avantages que de droit.

Tel est le narré succinct et exact de cette cause. Avant d'en examiner le mérite ou le peu de fondement en droit, il convient de se bien fixer auparavant sur les droits que la commune de Verfeuil prétend exercer sur les bois qui appartiennent au sieur Amédée de Verfeuil et aux mariés de Brettes, situés sur le territoire de ladite commune de Verfeuil. Cette commune voudra bien, sans doute, permettre que l'exposant vérifie, par la comparaison du titre qui est inscrit, les droits qu'elle a d'exercer sur les bois qui lui appartiennent avec ceux qui se trouvent insérés et énumérés dans l'assignation introductive d'instance qu'on lui a fait signifier. Si les droits contenus dans l'acte sont les mêmes que ceux qu'elle réclame aujourd'hui, de cette comparaison il résultera, sans doute, quelque différence que l'exposant fera connaître, et une fois parfaitement fixés sur les droits que la commune de Verfeuil a d'exercer sur les bois appartenant à l'exposant et aux mariés de Brettes, il sera facile de se livrer à des opérations de droit que cette cause présente à juger.

Ces droits sont énumérés dans une transaction sur procès, passée entre la commune de Verfeuil et le seigneur de ladite commune en l'année 1645, qui ne fait que confirmer les sentences et arrêts précédemment rendus entre les parties, et qui constituaient et servaient de base aux droits que la commune de Verfeuil avait à exercer sur les bois appartenant au seigneur de cette commune. Les droits, loin d'avoir été diminués par les arrêts et transaction rapportés dans celle de 1645, ont été toujours augmentés, ainsi qu'il est facile de s'en convaincre par la simple lecture de cette transaction de 1645 ; en effet, il résulte de cette même transaction que le seigneur de Verfeuil devait être tenu, comme il le promit et comme dès lors il le concéda auxdits habitants de ladite commune de Verfeuil présente et avenir, « qu'ils auraient la faculté de prendre du bois mort et mort bois ensemble des Euzes écorcés appelés *ploumas* pour leur chauffage dans tous les bois et forêt dudit Verfeuil ; comme aussi de pouvoir prendre du bois tant pour leur four commun que particulier, tout ainsi et en la même forme qu'ils le faisaient avant lesdites sentences et arrêts mentionnés en ladite transaction, et du ramage pour leur bétail. Pareillement il leur a donné et donne la faculté et liberté de prendre dans lesdits bois, des *fustes* et chevrons pour la construction et réparation de leurs maisons et pour des claies et araires pour leur usage tant seulement, le tout sans fraude.

« Il leur donne aussi pouvoir de faire des fours à chaux autant qu'il leur serait nécessaire dans lesdits bois, à condition que de ladite chaux il en appartiendrait au s<sup>r</sup> Seigneur et à ses successeurs une portion égale à celle de ceux qui la feraient faire.

« Pour laquelle faculté les sieurs consuls, manants et habitants seraient tenus de bailler audit Seigneur de Verfeuil, annuellement et perpétuellement, à chaque fête de St-Michel, une éminée bled tozelle marchande mesure de Bagnols, pour chacun habitant résidant dans ledit lieu et les dépendances dudit Verfeuil, que ledit Seigneur serait tenu de lever et exiger de chacun d'iceux habitants et leurs ayants cause, sans pouvoir contraindre le solvable pour l'insolvable, commençant le premier payement à la St-Michel et ainsi continuerait annuellement et perpétuellement ».

Tels sont les droits nouveaux que la transaction de 1645 a acquis auxdits habitants de la commune de Verfeuil, moyennant le service de la rente ou prestation en nature qu'ils devaient servir au seigneur de ladite commune de Verfeuil, que l'exposant et les mariés de Brettes représentent en cette partie.

Mais, indépendamment de ces droits, il en existait de plus anciens qui sont établis sur la sentence rendue par le sénéchal de Nîmes et de Beaucaire le 7 juin 1642, maintenus sur plusieurs points par la chambre de l'édit de Castres, le 19 février 1644.

Il est essentiel de faire connaître au tribunal cette sentence et cet arrêt, afin qu'il puisse bien apprécier les différends qui divisent les parties et le mettre à même de rendre une juste décision.

Par la sentence du 7 juin 1642 rendue par le sénéchal de Nîmes et de Beaucaire, le seigneur a été maintenu en la propriété de tous les bois qui sont situés sur le terroir du dit Verfeuil, « en la faculté de prohiber et défendre auxdits habitants de faire des *issarts*, ouvrir lesdits bois, iceux, couper, écorcher et dépopuler ou faire de *rusque*, charbon et verreries, ni emporter aucun bois, ni branches, sans la permission et exprès consentement dudit Seigneur de ladite commune de Verfeuil. Mais par cette même sentence les habitants de ladite commune de Verfeuil furent maintenus en l'usage desdits bois et pâturages, et en la faculté de faire dépaître leur bétail et même ceux des étrangers sans la licence dudit Seigneur, ni de ses officiers, pourvu qu'ils servent à cultiver et labourer les terres, et d'affermer lesdits herbages sans la permission dudit Seigneur ; comme aussi de prendre à *miège* toute sorte de bétail, et en la faculté d'abattre les glands des chênes dudit bois dans la saison, avec verges et pieux, iceux vendre aux étrangers, et faire manger iceux pourceaux si bon leur semblait ; en outre, iceux faire dépaître avec les leurs dans lesdits terroir et bois dudit Verfeuil, pourvu que ce fut sans fraude ni abus, et que avant que lesdits pourceaux sortissent de la juridiction dudit lieu de Verfeuil, ils en déclarassent le nombre, afin que les droits d'entrée dûs au Seigneur, à raison d'iceux, lui fussent exactement payés.

Les consuls du lieu et communauté dudit Verfeuil ayant réservé appel de cette sentence devant la cour et chambre de l'édit de Castres, il est intervenu un arrêt le 18 février 1644, par lequel ladite sentence aurait été confirmée en quelques chefs, et réformée en d'autres, à savoir : que lesdits consuls et habitants dudit lieu et communauté dudit Verfeuil furent aussi maintenus de pouvoir vendre et affermer aux étrangers, les herbages, pâturages du territoire dudit Verfeuil, en présence toutefois dudit Seigneur, ou de son lieutenant dûment requis d'intervenir auxdites fermes, et refusant malicieusement ou autrement de s'y vouloir trouver, audit cas lesdits consuls et habitants pourraient procéder à ladite vente desdits herbages.

Par ce même arrêt les habitants furent condamnés à rendre et restituer au sieur Seigneur de Verfeuil, les entières sommes par eux reçues de la vente tant des bois que de l'écorce des arbres, autres toutefois qu'ils ont reçues des ventes faites en la présence dudit Seigneur, et aussi ses officiers, et en outre lesdits consuls et habitants furent condamnés envers ledit Seigneur de payer la légitime valeur des coupes et des dépopulations par eux faites auxdits bois, de leur autorité, le tout depuis 29 ans avant l'introduction de la dernière instance, déclarant néanmoins ledit arrêt, que ladite sentence du Sénéchal donnée au profit dudit Seigneur en la propriété des bois assis dans ledit terroir de Verfeuil n'aurait lieu pour les bois qui se trouvaient inféodés par ledit Seigneur en faveur des particuliers, en vertu desdites inféodations, lesquelles sortiraient leur plein et entier effet.

L'arrêt dont il vient d'être parlé déclara de plus que lesdits habitants auraient la faculté de prendre du bois des forêts dont est question avec la licence dudit Seigneur de Verfeuil ou de ses officiers et non autrement. et qu'ils pourraient prendre à demi-fruit et gazelle des étrangers, toute sorte de bétail, et de même ils pourraient les faire dépaître dans ledit terroir et pâturage, durant le temps qu'ils le tiendront à demi-fruit, le tout sans fraude.

Tels sont les facultés et droits que les sentences et arrêts dont il vient d'être parlé, accordent aux habitants de la commune de Verfeuil sur les bois appartenant à l'exposant et aux mariés de Brettes, situés sur le territoire de ladite commune de Verfeuil ; il est aisé de se convaincre que les droits sont bien différents, et seraient bien moins considérables que ceux mentionnés dans l'assignation que le sieur Jean Mégier a faite en sa seule qualité de Maire de ladite commune de Verfeuil, signifiée à l'exposant par exploit de Manouard. huissier, du 7 décembre 1834.

Nous arrêtons là notre citation, et faisons grâce au lecteur des dissertations légales auxquelles se livre le requérant pour amener le tribunal à conclure contre la commune de Verfeuil. Il paraît que cette satisfaction lui fut refusée, comme nous l'insinue la lettre suivante que lui adressa M. Valette, après la décision du tribunal d'Uzès, dont M. de Verfeuil lui avait donné connaissance :

Monsieur,

C'est un plaisir presque douloureux que de recevoir de vos nouvelles, à l'occasion d'un procès. Il me paraît que vous avez été non seulement mal défendu, mais encore trahi. D'abord, la transaction de 1645, qui se réfère à l'arrêt de 1644, arrêt inattaquable, vous déclare propriétaire, et malgré la *concession conditionnelle* de certains droits, aux habitants, qu'elle renferme, vôtre plainte devait être accueillie et jugée en vôtre faveur à Uzès, comme j'espère qu'elle le sera à Nîmes, étant appuyée non seulement de vos titres, mais encore des ordonnances et règlements forestiers auxquels sont soumis les bois à quelles personnes qu'ils appartiennent, même les bois communaux, etc., etc., etc. Les Malignon et les Mégier sont de bonnes gens qui ne comprennent pas les conséquences de leurs systèmes, puisque après vous avoir dépouillé et ruiné, ils seront dépouillés et ruinés à leur tour par les instruments de leurs tracasseries. Depuis longtemps j'ai connaissance du complot qui se trame contre vous.

Avez-vous vu comme ils ont vendu Castelbourg ? comme j'ai été sacrifié... il est vrai que les droits de mon frère ont été réservés, mais Il faut les plaider, et depuis qu'on m'a dépouillé de tout, je suis devenu trop fier pour *supplier*, et même pour prier comme l'exigeait un certain C<sup>re</sup>. Quand les bois de Verfeuil auront subi le sort de Castelbourg, où seront les ressources des Malignon et des Mégier ? etc., etc.

J'ai écrit aux personnes que vous m'indiquiez, avec transmission de votre lettre. Soyez tranquille, mais allez à Nîmes, et ne laissez pas convertir une question de délit de dépaissance en question de propriété, quoique cette question de propriété n'ait rien d'inquiétant pour vous et encore moins pour moi.

Ma femme, mon fils Henri et moi vous remercions de vôtre bon souvenir. Il est possible que j'aille vous voir, après la nouvelle organisation des Conseils municipaux...

Recevez, je vous prie, l'assurance de mon dévouement et amitié inviolable.

B. VALETTE.

Pont-Saint-Esprit.

M. le baron de Verfeuil, docile au conseil que lui donnait M. Valette, fit appel à Nîmes. Il obtint gain de cause contre la commune de Verfeuil.

En définitive, les droits des parties furent réglés judiciairement aux termes de la transaction de 1645 et des arrêts antécédents. Et afin de se soustraire désormais à de nouvelles tracasseries, M. de Verfeuil se fit judiciairement autoriser à se limiter en un *cantonnement* absolu et indépendant, pour sa portion afférente des bois, abandonnant à la commune la propriété de son cinquième, et aux redevanciers qui avaient renouvelé leur titre, une portion multiple indivise, mais divisible par lots, en compensation des facultés dont ils étaient privés désormais dans le *cantonnement* baronnial, et que leur avait accordé la transaction de 1645.

La question du partage de l'indivis par lots afférents au titre de chaque redevancier a été discutée et résolue en principe auprès de l'administration forestière(1). Elle serait déjà résolue de fait, si les intéressés avaient voulu consentir à un compromis proposé, qui tout en désignant les lots, les consacrait indivis pour l'usage et invendables, afin que la tentation ne pût venir aux pauvres de vendre leur portion, ce qui les priverait de tout droit d'usage sur les autres lots. Le prix des coupes serait divisible par lots; les buis seraient abandonnés aux redevanciers qui n'auraient pas des moutons ou des brebis; les herbages seraient réservés aux propriétaires des troupeaux.

Quant à M. le baron et aux mariés de Brettes, la solution judiciaire qui assura l'indépendance de leurs bois, leur fit prendre une suprème détermination, comme l'insinue en principe la lettre suivante de M. de Brettes :

*Lettre de M. le vicomte de Brettes à M. de Verfeuil,*
*en date du 23 mars 1836.*

Le fondé des pouvoirs de M. Peyron, mon cher frère, se rend à Verfeuil pour entrer en possession des droits de votre sœur et des miens, en vertu d'un contrat authentique.

Je vous prie de l'accueillir et de lui donner toutes les facultés possibles, de lui livrer tous les titres de propriété, attendu qu'ils doivent appartenir, d'après

---

(1) Cette question peut invoquer comme motif concluant le jugement en faveur des redevanciers riverains domiciliés à Audabiac, entre autres M. Camproux.

l'article 842 du Code civil, à celui des propriétaires dont la part est la plus forte.

Je lui ai donné l'espérance que vous traiteriez avec lui, à peu près dans la même proportion. Déjà je vous en ai prié par ma lettre du 22. Les personnes qui désiraient acquérir de moi, dans le ressentiment de se voir privées de la préférence, ne manqueront pas de vous circonvenir, de vous éblouir par des offres telles que celles de M. Nublat. Vous seriez bien peu sage de les écouter et de vous laisser séduire par les conséquences de l'article 841 du Code civil, d'après lequel on voudra vous persuader que vous pouvez rentrer dans tout le bien, en remboursant à M. Peyron.

Ils ne réussiront jamais à pareille manœuvre, avant d'avoir parcouru tous les degrés de juridiction depuis le premier article jusqu'à un arrêt définitif de la Cour de cassation ; et il s'écoulerait plus de dix ans, avant le terme des procédures, qui, en définitive, quoiqu'ils en disent, vous seraient contraires, après avoir consommé une grande partie de votre part légitime.

Réglez-vous donc avec M. Peyron dont la fortune et la moralité à moi connues par les personnes les plus respectables, sont une garantie certaine de contrat. D'ailleurs, si vous le désirez, vous serez payé immédiatement au cas où vous le souhaiterez ainsi. De même qu'il vous livrera des biens si vous le préférez ; mais vous ferez bien de quitter Verfeuil et de choisir une autre résidence, tant votre séjour actuel vous a donné des désagréments, et vous en prépare au cas où vous veuillez absolument y demeurer.

Vous feriez mieux de venir passer quelque temps avec nous, maintenant que vous êtes libre d'affaires. Votre cession se ferait par mon entremise, à votre avantage, sans être obsédé de ces intrigants qui vont vous assaillir, sous le prétexte de vous offrir des chances plus favorables. Ce M. Nublat auquel vous avez souscrit un acte imprudent, va vous persécuter. Il faut le fuir, monter dans la diligence sous prétexte d'aller à Nîmes, ou dans les environs, et vous arriverez ici, où vous serez tranquille. Je me suis réservé le prix des coupes adjugées, le linge et autre mobilier portatif.

Nous aurons un petit compte à régler pour ce mobilier de Verfeuil et de la maison d'Uzès dont vous ne m'avez jamais parlé. Mais si vous êtes aimable pour nous, de nôtre côté, nous ne serons pas en arrière de procédés.

Suivez mes conseils, mon cher frère, ainsi que ceux de vôtre sœur. Vous vous en trouverez bien. Vous aurez une existence douce et assurée, tandis que si vous prêtez vôtre nom et vôtre appui à des personnes mal avisées, vous vous préparerez une source d'ennuis, de malheurs, peut-être de ruines.

Je vous salue amicalement,

DE BRETTES.

Périgueux, le 23 mars 1836.

P.-S. 26 mars. — Quelques circonstances ont retardé le départ de M. Peyron, et la remise de cette lettre. Je vous renouvelle l'invitation qu'elle renferme. Mʳ Peyron traitera avec vous, ou avec moi, dans nos intérêts, si vous le désirez. Tout le mobilier est réservé. Vous feriez bien, je le réitère, de partir de nuit pour venir ici, et de vous soustraire à toute influence. M. Roman tirerait tout, donnerait les renseignements nécessaires. Vôtre présence n'est nullement nécessaire, utile à vos intérêts. Ne laissez ni clefs, ni écrits à personne. Venez de suite...

Comme l'insinue cette lettre, la crise définitive pour les intérêts du seigneur de Verfeuil était à la veille de son dénouement. M. le vicomte de Brettes voulait en atténuer les conséquences, en sauvegardant, avec les intérêts le concernant, ceux aussi de la sucession de son beau-frère. M<sup>me</sup> de Brettes vint joindre les instances de son cœur de sœur à celles de son mari, auprès de son frère. Elle écrivit la lettre suivante :

Périgueux, 26 décembre 1836.

Ta lettre du 5 décembre m'a fait grand plaisir, mon cher frère ; tu ne me dis rien de ta santé, ainsi que du poignet douloureux, ce qui me donne l'espoir que tu vas bien, et puis, ton écriture est plus assurée. Depuis un mois, nous sommes de retour de la campagne, où nous avons demeuré depuis le 5 août, sans venir à la ville. Maintenant, la plus jolie campagne prend un aspect triste et le séjour de la ville est préférable.

Je te plains de toutes les tracasseries que les paysans te font endurer. Celle du banc prouve qu'ils aiment à nous contrarier, et puis, ce banc n'est pas un embarras dans l'église !... Ne peuvent-ils s'y placer pendant ton absence? Quant à nous, je ne prévois pas l'époque où nous pourrions l'occuper. Lorsque nous avons vendu la terre de Verfeuil, je t'avoue franchement que le banc a été oublié. D'après cela, il doit nous appartenir ; et cette tracasserie est bien digne de germer dans des cerveaux paysans. Ce que j'apprécie beaucoup de nôtre ampagne, c'est de n'avoir rien à démêler avec cette

espèce de gens, au moins pour des biens en commun ;
car, nous avons des métairies à faire diriger pendant
nôtre absence ; mais la jolie maison est seule, et les bois,
prairies et terres nous appartiennent à nous seuls. Chose
bien préférable, et qui évite de l'ennui.

Tu vas sans doute, retrouver la ville pour ton hiver.
Je crois t'avoir informé que nôtre frère, à raison de sa
vue, a pris sa retraite. Depuis cette époque, point de
nouvelles. Sa paresse à écrire est une maladie de famille dont nous sommes tous atteints, plus ou moins ;
car, toi et moi, nous donnons signe de vie, mais le cher
frère, pas du tout. Adieu, mon cher frère ; le nouvel an
approche : reçois mes vœux bien sincères pour la conservation de ta santé, et ta satisfaction en toutes choses.
Viens, dans la belle saison, faire connaissance avec le
Proy-d'Abpit, qui est le nom de nôtre campagne. La
maison est assez spacieuse pour te loger ; sans être un
château, je suis persuadée que tu la trouveras jolie.
Reçois les respects affectueux de ta nièce, les amitiés de
mon mari, et moi, je t'embrasse en bonne sœur.

PAULINE DE BRETTES.

P.-S. — Je ne puis m'opposer à l'enlèvement du
banc, mon cher frère ; fais ton possible pour le conserver, si tu peux.

----

M. Peyron devint acquéreur de toutes les propriétés
que les époux de Brettes possédaient à Verfeuil ; plus
de la presque totalité de la portion tierce de M. le baron
Amédée d'Ornac, sauf le château, le grand jardin et une

terre contiguë, un bois (limité par le Darboussas, les bois de la Roque et de Saint-André-d'Olérargues), une propriété dans l'île de la Berthelasse, près d'Avignon, une maison à Uzès.

M. Peyron revendit les biens de la baronnie, dont il était devenu l'acquéreur. Les bois surtout provoquèrent une concurrence générale, et sont aujourd'hui une des principales ressources des divers acquéreurs.

Les biens de la baronnie, non aliénés avant la mort du baron, sont devenus la propriété de M. Théodore Camp et de sa sœur, M<sup>me</sup> Jullian, née Hortense Camp, les enfants du sieur Camp, ex-gérant du château.

M. le baron Amédée d'Ornac de Verfeuil est mort vers l'an 1855 ou 1856. La maladie qui devait occasionner sa mort le surprit dans sa maison d'Uzès. Il réclama les secours de la religion, et témoigna le désir de les recevoir par le ministère de son ex-curé de Verfeuil, M. l'abbé Mauget, alors curé de Castillon-du-Gard. Son désir fut exaucé, à la grande satisfaction de ce digne prêtre, qui fut tout heureux de rendre ce suprême devoir à son ex-paroissien, Jean-Pierre-Amédée de Bruneau d'Ornac, dernier baron et seigneur de Verfeuil.

En terminant cette importante notice, nous devons exprimer à M. Théodore Camp notre reconnaissance, pour la bienveillance avec laquelle il a mis à notre disposition les parchemins et papiers nombreux, où nous avons puisé les documents intéressants qui la composent. Nous nous permettons même de formuler un vœu vis-à-vis de sa générosité, comme gracieux couronnement de cette notice, c'est que sa lecture puisse lui inspirer quelque fondation en œuvres pies, selon le noble exemple donné, en 1768, par le baron messire François-Hector de Latour de Gouvernet, en faveur des pauvres vieillards et filles orphelines de la paroisse de Verfeuil (1).

(1) Notre vœu a déjà reçu un commencement d'exécution, puisque M. Camp a daigné, à l'époque de la laïcisation de l'école des filles, dirigée par les religieuses de la Charité de Besançon, céder *généreusement* un magnifique local dans son château, pour le maintien de cette école libre.

# TABLEAU CHRONOLOGIQUE

## DES SEIGNEURS DE VERFEUIL

### De 1810 a 1856

1210 à 1344 Les Rostang de Pujaut, et Guillaume de Carsan, coseigneur.

1344 à 1359 Guillaume de Carsan et ses héritiers.

1359 à 1424 Guillaume d'Audigier....., et noble Bertrand de la Baume, coseigneur.

1424 à 1472 Louis de Beaufort de Canilhac, comte d'Alais.

1472 à 1479 Marc I<sup>er</sup> de Beaufort.

1479 à 1509 Charles de Beaufort, comte d'Alais, marquis de Canilhac, et noble Jacques de la Baume, coseigneur.

1509 à 1511 Jacques I<sup>er</sup> de Beaufort.

1511 à 1535 Jacques de Beaufort de Montboissier.

1535 à 1575 Marc de Beaufort.

1575 à 1591 Louis de Martin de Joye.

1591 à 1633 Jacques de Martin de Joye.

1633 à 1636 Dame veuve de Martin de Joye.

1636 à 1695 Alexandre de Latour Gouvernet, marié
à dame veuve Martin de Joye, dame de
Verfeuil ; celle-ci jusqu'en 1638.

1695 à 1738 Alexandre-Hector de Latour Gouvernet.

1738 à 1765 François-Hector de Latour Gouvernet, et
Bruneau d'Ornac de Saint-Marcel-de-Careiret, coseigneur, avec messire Valette.

1765 à 1776 Charles-Henri de Bruneau d'Ornac de
Saint-Marcel.

1776 à 1803 Charles-Prudent d'Ornac.

1803 à 1831 M^{me} Charles-Prudent d'Ornac, née de
Niel.

1831 à 1856 Jean-Pierre-Amédée de Bruneau d'Ornac.

## NOTE A

*Transaction passée entre les habitants de Godargues et de Verfuel, à raison du droit de pasturage et lignerage, dans la terre de Godargues, par laquelle ayants compromis Messires Guigon de Recors, prieur de Montfrin, et Pierre Mancipi, sacristayn du prioré de Godargues. Les procureurs de Verfuel, Guillaume Moton, Raymond Beringuyé et Guillaume Marsan, d'une part, et les procureurs de Godargues, Pierre de Martusan, Bertrand Mancipi et Jehan de Gérus, conviennent et accordent comme sansujt :*

Anno Dnj 1366 et die 8ª mensis martij. Et primo dixerunt voluerunt et ordinaverunt præd. dnj arbitrij seu amicabiles compositores de voluntate partium prædictarum, suo et quibus supra nominib. Quod pro uno et primo termino huiusmodj limitationis per imperpetuum habeat iste locus, videlicet incipiendo in quodam prato hæredum Guillelmj de Mercos qdam, videlicet subtus prata fontis frigidi quod quidem pratum vulgariter vocatur : loci *prat del mercos*, et in dicto prato juxta flumen Ciceris juxta ripam cuiusdam vallati quod est inter dictum pratum del mercos et pratum Raymundj de Bleyssono unum terminum lapideum respiciendo rectà lineà a parte orientali fluminis Ciceris et parte occidentali dictum vallatum, plantaverunt et posuerunt cum suis agachinib. sive guizons, prout dictum confruntatur ab oriente cum flumine Ciceris, ab occidente cum terrâ, hæredum Guillemj de Mercos qdam, a circio cum prato Raymundj de Bleyssono, dicto vallato in medio, et vento cum prato Raymundj Mejnerj, dicto prato remanente in obedimentis seu in parte hominum universitatis de Viridifolio, et dictum pratum de Bleyssono remanet hominibus univer-

sitatis de Gordanicis; et limitationem hujusmodi recta linea
sequendo vallatum prædictum versus partem occidentalem
usque ad quamdam terram heredum Pontii de Scurâ qdam
et terram heredum Guilhelmj de Mercos qdam. Dicti arbitrij arbitratores seu amicabiles ppositores et pacis tractatores una cum me dicto notario et testibus infrascriptis,
alium terminum lapideum respiciendo recta linea ad terminum præcedentem continue dictum vallatum sequendo
posuerunt, plantaverunt cum suis agachonib. sive guizons,
dicta terra heredum Guilhelmj de Mercos qdam inferius
confrontatà remanente in parte hominum universitatis de
Viridefolio, et terra heredum Pontii de Scura qdam inferius
confrontata remanente in parte hominum universitatis de
Gordanicis, quæ terræ sunt ind° plano Bastide prope prata
fontis frigidj, quæ terra dictorum heredum Guilhelmj de
Mercos qdam confrontat ab oriente cum dicto prato de Mur-
conis, ab occidente cum camino publico quo itur a dicto
loco Bastide versus molendinum Bez, a circio cum dicto
vallato, et a vento cum terra Reymundi Meynerij, terra vero
dictorum heredum Pontii de Scura qdam ab oriente cum
terra Reymundj de Bleyssono, ab occidente cum dicto camino publico, a circio cum terra Guilhelmj Leveze, et a vento
cum dicto vallato. Deinde etiam limitationem supra dictam
ac subsequentem continuando, sequendo dictum vallatum
versus pdtum occidentalem, dicti dñj arbitrij arbitratores
seu amicabiles ppositores et pacis tractatores unanimiter et
concorditer una cum me notario et testibus infrascriptis ad
quamdam terram quæ dicitur esse Reymundj et Petri de
Villa personaliter accesserunt; quæ terra scita est loco vulgariter nominato a Noguyer Layssat, et abierunt inde terra
prope dictum vallatum; quipe iter publicum quo itur a loco
de Gordanicis et Bastide versus molendinum Bez et prope
alium terminum lapideum scitum in summitate terræ domus
de Gordanicis alium terminum lapideum respiciendo recta
linea ad precedentem terminum posuerunt et plantaverunt
cum suis agachonibus sive guizons, quæ terra dictorum

Reymundj et Petrj de Villa fratrum confrontai dicitur ab oriente cum dicto camino publico quo itur a dicto loco Bastide versus molendinum Bez, ab occidente cum terra heredum Pontij de Scuræ qdam, a circio cum terra heredum Guilhelmj de Merconis qdam, dicto vallato in medio, et a vento cum terra domus de Gordanicis, camino quo itur versus Trescosses in medio. Deinde etiam dicti arbitrij arbitratores seu amicabiles compositores et pacis tractatores limitationem supradictam ab subsequentem continuando, accedendo et sequendo dictum vallatum versus partem occidentalem qd. squidem vallatum scitum est in plano Bastidæ predictæ de Orniols et confrontarj dicitur a circio cum terris heredum Guilhelmj de Merconis qdam, cum terra Triburgis de Confinis, vulgariter nominata etiam la Condamina de Sabonadieres, cum terra Dñj Uticencis Episcopi nominata etiam la Condamina Dñj Episcopi, cum terra Jacobj Silbertj et cum terra Reymundj et Bleyssono, et a vento cum terra Reymundj et Petrj de Villa fratrum in qua est terminus precedens, cum terra heredum Pontij de Scura qdam et cum terra Alazaicæ de Sabonadiere; una cum me dicto notario et testibus infrasciptis ad quamdam terram Triburgis de Confinis personaliter accesserunt, quæ terra vulgariter nominatur la *Marina* et in dicta terra prope ripam dictæ terræ juxta caput dicti vallati posuerunt et plantaverunt seu ponj et plantarj fecerunt eadem de ea alium terminum lapideum cum suis agachonibus sive guizonibus respiciendo recta linea terminum precedentem et dictum vallatum. Item voluerunt, pronuntiaverunt, determinaverunt et ordinaverunt prædicti Dñi arbitrij arbitratores seu amicabiles compositores et pacis tractatores quod dictum vallatum existens inter duos terminos precedentes, sit terminus et habeatur pro termino videlicet quod obedimentum seu jus despacendi illorum de Viridifolio cum eorum animalibus et seliquandi de lignis siccis et alio modo et forma contentis in eorum instrumentis quorum ratione dictum usum et explecsa habere intendunt, ducet usque ad dictum vallatum versus partem Aguilhonis et non ultra versus locum de Gordanicis. Et idem habeant dicti homines de Gordanicis a rivo Aguilhonis citra.

Aca fuerunt hæc in locis prdtis, testibus presentibus Dño Petro Lafanna, Petro Joanne de Bordono habitatoribus dti loci Gordinacorum, Guilhelmo de Opere, Barracii de Cornilionne, Petro Reynerij clerico, Petro Calendar nunc habitan. tibus dicti loci de Viridifolio et me dto notario infrascripto.

Postquam anno quo supra et decima die dti mensis martii, comparuerunt coram memoratis dñis arbitratoribus seu amicalibus compositoribus dtæ pacis, videlicet dñi sindici de Gordanicis et de Viridifolio et dicti dñi arbitrij arbitratores seu amicabiles ppositores et pacis tractatores de volontate dtarum partium volentium et requirentium, posuerunt et plantaverunt seu poni et plantari fecerunt duos terminos lapideos cuniunctos cum suis agachonibus seu guizonibus, scilicet in quadam costa vulgariter nominata la *Marina* pro limitatione pdtæ in quodam heremo qui dicitur heredum Ferrerij Collumbj quondam, juxta iter publicum quo itur a dicto loco Bastide versus Pasquierargues, quorum unum respicit recta linea terminum precedentem et alter respicit versus la Serre ad passum de Pasquierargues, dto itinere infra dtos terminos versus hobedimentum dtorum hominum de Viridifolio remanente. Deinde etiam dti dñi arbitrij arbitratores seu amicabiles compositores et pacis tractatores posuerunt et plantaverunt seu poni et plantari fecerunt eadem de ea alium terminum lapideum cum suis agachonibus sive guizonibus recta linea respiciendo ad predentem terminum juxta dtum passum de Pasquierargues, videlicet in la Serre, in quodam heremo illorum de Sto Mabilio prope Oliveredam Treburgis de Confinis. Deinde etiam dti dñi arbitrij arbitratores seu amicabiles compositores et pacis tractatores voluerunt, ordinaverunt, deffinierunt ac enuntiaverunt quod unus terminus antiquus lapideus positus sive existens in quadam terra herema heredum Bertrandi Goiyrani qdam de Gordanicis, quæ terra scita est in dto territorio de Pasquierargues, contigua cuidam vineæ heremæ dtorum heredum Bertrandi Goyranj qdam, sit et remaneat pro uno termino sicut et alii terminj per dtos dños arbitros de novo plantati, dicentes, volentes, nottifficantes et exprimentes dti dñi arbitrij arbitratores seu amicabiles compositores quod iste terminus lapideus ultimus etiam respiciat et respicere debeat et limitationem facere versus auram venti, sequendo limitationem antiquam versus Aguilhonem. Et ibidem dti dñi arbitrij arbitratores, seu amicabiles ppositores et pacis tractatores fecerunt ad sui presentiam venire videlicet Guilhermum Marsani, Guilhermum Mutonis et Reymundum Berengarii procuratores et sindicos hominum universitatis de Viridifolio et Petrum de Martusanis, Bertrandum Mancipi et Johannem de Gerusco sindicos et procuratores hominum universatis de Gordanicis et eis et eorum cuilibet oculo ad oculum ostendimus omnes et singulos terminos et eos supra positos et plantatos, quibus visis et aspectis, pntibus supra nominatis enuntiaverunt, denuntiaverunt et deffinierunt et ordinaverunt quod sequendo dictas limitationes de puncto ad punctum totum territorium quod est et remanet versus Aguilhonem est de usu et explecsa dtorum hominum de Viridifolio, pacifice et quiete et sine inquietatione et perturbatione dtorum hominum de Gordanicis prout antea habebant, et idem habebant dti homines de Gordanicis.

Quibus peractis pdti Guilhermus Marsanis, Guilhermus Mutonis, et Reymundus Berengarii sindici et procuratores hominum universitatis de Viridifolio certificati per me notarium infrascriptum plene et clare laica lingua de omnibus et singulis contentis in dicto compromisso, nomine suo, ac vice et nomine dtæ universitatis de Viridifolio ad instantiam et specialem requisitionem predictorum Petri de Martusanis, Bertrandi Mancipj et Johannis de Gerusco nomine suo et nomine procuratorio hominum universitatis de Gordanicis ibidem presentium in presentia dtorum dñorum arbitrij arbitratorum seu amicabilium compositorum ac me notarii et testium subscriptorum predictum et omnia et singula contenta et expressa in eodem rata et grata habentes ac etiam profitentes et asserentes ipsum compromissum et omnia et singula in eo contenta fuisse facta de ipsorum voluntate, mandato et expresso consensu, idem compromis- sum et omnia et singula in eo contenta, dicta, deffinita, pronuntiata, arbitrata et limitata, modo et forma et condi- tionibus contentis indto presenti instrumento et super eo expressatis de puncto ad punctum et de verbo ad verbum ex certa scientia, suo et quibus supra nominibus laudave- runt, approbaverunt, ratifficaverunt et omologaverunt ipsi, et laudari, approbari, omologari et ratifficari facient, ho- minibus et consulibus de Viridifolio ad simplicem requisitio- nem dtorum hominum de Gordanicis...

En lad. transaction faicte l'an 1366 et le 8 mars, receue par Guilhaume Bonhomme, notaire d'Uzès, est insérée à l'estanduc la ratification tant dud. lieu de Verfuel que de Godargues, ensemble des seigneurs tant dud. Verfuel que du prieur de Godarges, estant au pouvoir des consuls de Verfuel, à moy exhibée par maître Fornyer, notaire et lors consul dud. Verfuel en la présente année 1605.

# NOTE B

*Acte de délimitation de territoire entre les communes
de Verfeuil et de Saint-André-d'Oleirargues.*

L'an de Notre-Seigneur 1441 et la 26e du mois de décembre, illustre prince, messire Charles, par la grâce de Dieu, roi de France, régnant, sachent tous et chacuns, présents et à venir, qu'en présence de moi notaire public et des témoins, bas nommés ; dans le lieu ci-dessous nommé, ont été assemblés Nicolas de Méluthérie, bayle du lieu de Verfeuil, pour magnifique et puissante personne le sire de Canilhac, — discrètes personnes Jacques Amblard, de la ville de Bagnols, diocèse d'Uzès, procureur dudit sire de Canilhac, — Pierre Odol, lieutenant de discrète personne Guillaume Peyrot, du lieu de Saint-André-d'Oleyrargues, auss diocèse d'Uzès, pour noble personne Guiraud de Gardies, seigneur de Saint-André, — Raymond et Bertrand de la Croix, père et fils, du lieu de Saint-André ; Jacques Albert et Pierre du Puy, procureurs du lieu de Verfeuil, suivant la déclaration affirmée véritable de ci-dessus et ci-dessous nommés, Pons de Colons, Guillaume Blanc, Pierre Aunance, Raymond Réboulet, Antoine Sauvet, Jean Albert, Raymond Béranger, Jean Taradel et Etienne Michel, du lieu de Verfeuil, formant la plus grande et la plus saine partie des hommes du lieu de Verfeuil et de Saint-André, comme ils l'ont déclaré ; amiablement et d'un commun consentement ont convenu et arrêté entre eux : de planter entre les juridictions et terroirs des lieux de Verfeuil et de Saint-André, des bornes-limites et termes nécessaires pour diviser lesdites juridictions, et de fixer les anciens qu'on trouverait plantés et debout, — dans le but de prévenir les disputes ou procès à l'occasion des limites desdites juridictions, Et à cette fin ils ont procédé, d'un commun accord, à établir lesdites limites desdites juridictions ou terres des lieux de

Verfeuil et de Saint-André, c'est-à-dire à planter ou reconnaître lesdites bornes comme il suit :

1° Et premièrement : réunis comme il est dit ci-dessus, tous les susnommés, bayle, lieutenant, procureurs et hommes desdits lieux de Saint-André et de Verfeuil, dans ledit territoire au canton dit du Pré, au quartier de Malons, pour procéder comme ci-dessus auxdites divisions, ils ont planté ou érigé, ou fait planter un grand terme de pierre, double, avec quatre agachons, divisant la juridiction desdits lieux de Verfeuil et de Saint-André ; et du côté du nord, à ce terme où l'un des quatre agachons est posé et planté, s'élève vers l'orient, une grande pierre appelée vulgairement Engarra, comme signe que la juridiction de Verfeuil ne doit pas aller au-delà dudit terme, du côté de l'orient.

2° Item, ils ont encore planté ou élevé, ou fait planter un autre grand terme, avec deux agachons, en allant dudit précédent terme, et éloigné dudit précédent terme du jet d'une baliste ou environ, en ligne droite, en tendant du levant au couchant.

3° Item, pareillement et d'un commun accord, ils ont reconnu un terme double, planté anciennement dans la direction du levant au couchant, et éloigné du premier terme planté d'un trait de baliste ou environ, en ligne droite ou à peu près, et près du chemin qui va de Saint-André au lieu de Goudargues et s'éloignant au-delà dudit chemin d'environ un jet de pierre ; et comme l'un des agachons de ce terme était tombé, on l'a relevé.

4° Item, l'année susdite et le vingt-septième jour du susdit mois de décembre, les susdits bayle, lieutenant, procureurs et autres hommes des lieux de Verfeuil et de Saint-André ont poursuivi la continuation dudit partage. Et premièrement, ils ont reconnu un autre grand terme, distant du dernier terme reconnu et éloigné du terme précédent d'environ un trait de baliste, en se dirigeant comme en ligne droite de Borée ou Circius vers le midi ; ils l'ont rétabli à sa juste place, avec deux agachons ; et ont remarqué près dudit terme, deux arbres appelés chênes ou roures, un dans la juridiction de Verfeuil, du côté du couchant, et l'autre dans la juridiction de Saint-André, du côté du levant, sur chacun desquels ils ont fait une, et ont déclaré que ledit terme divise la juridiction des lieux de Verfeuil et de Saint-André.

Subséquemment, l'année susdite et le 28ᵉ jour dudit mois de décembre, les susdits bayle, lieutenant, procureurs et hommes susnommés ont voulu procéder à la division finale desdites juridictions de Verfeuil et de Saint-André; mais ils n'ont pu s'entendre. Pour ce motif, ledit bayle et le lieutenant ont prescrit à Pons de Colons, Jean Taradel, Etienne-Michel de Verfeuil, et à Raymond et Bertrand de la Croix, père et fils susnommés, de diviser selon et d'après leurs consciences lesdites juridictions de Verfeuil et de Saint-André, de planter ou faire planter de nouveaux termes, là où il serait nécessaire, et de reconnaître les anciens. Lesdits Pons, Jean, Etienne, Raymond et Bertrand, l'ont ainsi promis et juré. Ensuite les susnommés eux-mêmes, de Colons, Taradel, Michel et de la Croix, élus comme il est dit ci-dessus, n'ont aucunement pu s'accorder.

A la vue de ces stériles discussions, lesdits bayle, procureurs et lieutenant ont réglé de nouveau que les seuls Pons de Colons et Raymond de Sainte-Croix examineraient et fixeraient les divisions et les limites selon leurs consciences, et qu'ils pourraient prendre pour tiers ledit Etienne Michel. Lesdits Pons de Colons, Raymond de Sainte-Croix et Etienne Michel ont promis et juré d'accomplir cette tâche, bien, légalement et selon leurs consciences. Et dans ce but il fut prescrit par lesdits bayle, procureurs et lieutenant, aux autres personnes qui étaient là présentes, et sous peine, pour la première fois, de cinq sous et pour la deuxième fois de dix sous, applicables à la cour desdits lieux, de ne troubler ou empêcher d'aucune manière lesdits Pons, Raymond et Etienne, dans l'accomplissement de leur mission. Et ensuite lesdits Pons et Etienne, pour continuer le travail de délimitation et de division relatif à la division, et à la délimitation des susdites juridictions des lieux de Verfeuil et de Saint-André, ont procédé comme il suit :

5º Et premièrement, ils ont ordonné et fait planter un

grand terme, se dirigeant du nord au midi, à la fin de la courbe, avec trois agachons ; l'un de ces agachons est tourné du côté du terme dernièrement reconnu et est éloigné dudit terme dernièrement reconnu, et comme en ligne droite, d'un trait de baliste ou environ.

6° Item, ils ont établi et fait planter un autre grand terme, sur le versant est de la montagne ou coste, avec deux agachons en se dirigeant du nord vers le sud, en suivant une pointe ou crête de Ranc, distante du terme précédent planté dans la courbe, du trait d'une baliste ou environ presque en ligne droite.

7° Item, ils ont reconnu un autre terme au territoire dit le Cros de Reparat, distant du dernier terme planté d'un trait de baliste, en ligne droite, en se dirigeant du nord vers le midi ; ils ont dit que ce terme divisait lesdites juridictions.

8° Item, ils ont reconnu de la même manière un autre terme, distant du dernier terme récemment reconnu et désigné d'un demi-trait de baliste ou environ, en venant de Boréc ou du nord et en se dirigeant vers le midi, comme en ligne droite.

9° Item, un autre grand terme, distant du précédent terme d'un jet de baliste ou environ.

10° Item, ils ont planté ou fait planter, ou établi un autre grand terme avec deux agachons dans le serre dit de Chamgraves, sur un mur du côté du levant distant du dernier terme reconnu d'un trait de baliste ou environ, en se dirigeant du nord vers le midi, presque en ligne droite.

11° Item, ils ont planté ou fait planter et établi un autre grand terme à la fin dudit serre de Chamgraves, en allant du nord vers le midi, avec deux agachons, éloigné du terme précédent d'un demi-trait de baliste ou environ, en ligne droite.

12° Item, ils ont planté ou fait planter un autre grand terme, en allant du nord au midi, avec deux agachons, distant du précédent d'un demi-trait de baliste ou environ, en ligne droite.

13° Item, ils ont reconnu un autre terme anciennement

planté sur le serre du mas de Pradines, en allant du nord vers le midi, distant du dernier terme planté d'un jet de baliste ou environ, en ligne droite.

14° Item, sous le même mas, ils ont reconnu un autre terme, éloigné du dernier terme reconnu d'un jet de baliste ou environ, en ligne droite, en regardant vers la Combe, et en se dirigeant du nord au midi.

15° Item, ils ont reconnu un autre terme au lieu dit, ou appelé Lauchemeyra, ou la ribe des Combas, distant du dernier terme planté d'un jet de pierre de baliste ou environ; deux agachons le soutenaient.

16° Et pareillement ils ont planté ou fait planter un autre terme, avec deux agachons; il regarde le dernier terme re-connu.

17° Item, ils ont reconnu un autre terme près du ruisseau, éloigné en ligne droite d'un jet de pierre ou environ.

18° Item, l'année susdite et le vingt-huitième jour du susdit mois de décembre, lesdits Pons de Colons, Raymond de Sainte-Croix et Etienne Michel, ci-dessus élus et commis, ont planté ou fait planter un autre terme sur le serre qui s'élève près de la cour appelée Pons de Combas, de deux canes et demi avec deux agachons, en se dirigeant du nord au midi, en ligne droite ou à peu près, éloigné d'un trait de baliste ou environ.

19° Item, ils ont planté ou fait planter un autre terme, au-delà de l'eau, du côté du nord, presqu'au commencement du devois appelé Agnès-de-la-Font, ou des hoirs de Pierre des Vignes, en allant du nord vers le midi, avec deux aga-chons, distant du dernier terme planté d'un trait de baliste ou environ, en ligne droite ou à peu près.

20° Item, ils ont planté ou fait planter un autre grand terme en se dirigeant vers le midi, avec deux agachons, en allant vers « Aqualis », d'un trait de baliste ou environ, en ligne droite ou à peu près du serre d'eau tombante.

21° Item, ils ont planté ou fait planter un autre terme double, avec quatre agachons faisant tête et fin de la juridic-tion de Verfeuil, en tendant du nord vers le midi, près de la terre des héritiers de feu maître Guillaume, dudit lieu de Saint-André, près du mur et à deux pas, éloigné d'un trait de baliste ou environ ; l'un de ces deux termes est tourné et regarde du levant vers le couchant.

22° Item, ils ont planté ou fait planter en ligne droite, près du ruisseau vulgairement appelé Cuhègne et dans la terre des héritiers de Jean Guiguon, jadis de Verfeuil, un terme se dirigeant du levant vers le couchant, avec deux agachons, éloigné (du précédent) d'un jet de baliste ou environ, formant tête et fin de ladite juridiction de Verfeuil au-delà de ladite eau de Cuhègne, du côté du levant.

Ensuite l'an que dessus et le vingt-neuvième jour dudit mois de décembre, sous le règne susdit, sachent tous que lesdits : noble Nicolas de Malutherie, bayle dudit lieu de Verfeuil, pour le sire de Canilhac, coseigneur dudit lieu, Jacques Amblard, procureur dudit sire de Canilhac, noble Guillaume de Castillon, viguier dudit seigneur de Saint-André, Jacques Albert et Pierre du Puy, procureur dudit lieu de Verfeuil, comme ils passaient pour l'être, Pons des Colons, Guillaume Blanc, Pierre Aumane, Raymond Réboulet, Antoine Sauvet, Jean Aubert, Raymond Béranger, Jean Taradel, Etienne Michel et Simon Broche, formant la plus grande partie des hommes dudit Verfeuil, et les susdits Raymond de la Croix et Pierre Odol, formant la plus grande et la plus saine partie des hommes dudit lieu de Saint-André, et domiciliés audit lieu de Saint-André,—assurés des choses susdites, ci-dessus exprimées et déclarées, savoir des délimitations et plantations des termes ci-dessus mentionnés et divisant lesdites juridictions de Verfeuil et de Saint-André... furent présents avec moi notaire et les témoins ci-dessous nommés. C'est pourquoi ayant les susdites choses pour conclues, agréables et solides, ils les ont homologuées. ratifiées et confirmées, et ont voulu et déclaré qu'ils entendaient quelles fussent ainsi faites, sous la réserve toutefois pour les gens de Verfeuil et leurs successeurs, --- des droits d'expleiche et d'obédiments jusqu'ici par eux et possédés, selon l'usage, dans la terre et juridiction dudit lieu de Verfeuil. Sur ce lesdites parties, savoir : ledit bayle, le procucureur du coseigneur de Verfeuil (1), les procureurs et les hommes dudit lieu, tant au nom du coseigneur qu'à leur propre nom et à celui de ladite communauté de Verfeuil, et de leurs successeurs ; — et lesdits noble Guillaume de Castillon, viguier dudit sire Guiraud de Gardies, seigneur du lieu de Saint-André, au nom dudit noble Guiraud et de ses successeurs, — Raymond de la Croix et Pierre Odol du lieu de Saint-André, formant la plus grande et la plus saine partie des hommes et habitants dudit Saint-André, agissant pour eux et leurs successeurs quelconques, ont promis et convenu de tenir et exécuter ce qui précède.

Tout ce qui précède a été récité dans la juridiction de Verfeuil et au hameau de Montèze, — témoins présents : Jean Veirety, de la paroisse de Chanalelle, diocèse de Mende, Durand-Durand, du lieu de la Bastide-d'Engras, diocèse d'Uzès, Brozet, du lieu Destremas, diocèse de Saint-Flour, maintenant habitant le diocèse d'Uzès, — appelés et demandés pour ce qui précède, — et moi Pierre Semyracie, du diocèse de Viviers, habitant à Uzès, notaire public, par autorité royale dans le royaume de France, qui ai souscrit ici et signé de mon seing accoûtumé (2).

(1) Par allusion de sa juridiction (quoique prépondérante), avec les coseigneuries de la banlieue de Verfeuil, c'est-à-dire : 1° Le monastère de Valsauve, 2° Vigoutrès, 3° Greissac, Moulin-Bès et Topian.

(2) L'original du présent extrait de division et plantation des termes, des lieux, terroirs et juridictions de Verfeuil et de Saint-André d'Oleyrargues se trouvait en 1611 dans l'étude de M. Divifziat, notaire à Uzès. — Archives municipales de Saint-André compulsées par le chanoine de Laville, archiprêtre d'Uzès.

Nimes, le 27 octobre 1892.

MONSIEUR LE CHANOINE ET VÉNÉRÉ CONFRÈRE,

Je vous suis bien reconnaissant de la bonté que vous avez eue de m'envoyer votre intéressante étude sur Verfeuil.

Je l'ai parcourue avec d'autant plus d'attraits que j'avais entendu parler, durant toute mon enfance, du château de Verfeuil et des souvenirs qui s'y rapportent.

Vous savez les liens qui m'unissent à l'ancienne famille des barons de Verfeuil, et vous ne pouvez mettre en doute un seul instant le plaisir que j'ai éprouvé à voir revivre leur mémoire.

Vos renseignements concordent parfaitement avec ceux que je possède et les complètent en certains points.

Je vous prie d'agréer l'expression de mes félicitations les plus chaleureuses.

Veuillez bien croire aux sentiments très affectueux avec lesquels je suis cordialement,

Monsieur le Chanoine et vénéré Confrère,

Votre très humble et très respectueux serviteur.

DE VILLEPERDRIX, *v. g.*

----

Apt, 4 novembre 1892.

CHER MONSIEUR LE CHANOINE,

J'attendais d'avoir parcouru votre étude sur Verfeuil avant de vous payer le tribut de ma gratitude pour votre gracieux envoi. Maintenant que je suis entré en connaissance avec cette nouvelle production de votre esprit si fécond, ce m'est agréable de vous dire que ma reconnaissance se double du plaisir que j'ai goûté à sa lecture.

L'intérêt que j'y trouvais tenait à diverses causes. Quoique à distance, il me semblait que nous étions près l'un de l'autre. C'était comme le prolongement de nos captivantes visites hebdomadaires. Je vous voyais par votre œuvre, et tous deux nous cheminions dans le passé de cette petite commune que vous avez su éclairer de sa plus vive lumière. Grâce à vous, Verfeuil peut s'honorer d'avoir son histoire ; c'est une fortune que doivent lui envier des communes beaucoup plus importantes. Et puis, ces lieux que vous avez en quelque sorte ressuscités, résonnent à mes oreilles, autrement qu'à celles d'un étranger. Je les connais, j'en ai beaucoup entendu parler, et il m'a été donné de connaître le dernier rejeton de cette noble famille d'Ornac de Verfeuil, qui, de tout temps, a su ajouter à la noblesse de son nom celle plus précieuse des sentiments.

Il est bon d'interroger le passé, de le faire revivre, cela console des tristesses du temps. « Ce commerce avec les morts, m'écrivait un jour Mgr Besson, me rend plus supportable celui des vivants. »

L'amour du clocher natal est instinctif ; il s'inspire des sentiments les plus chers du foyer, de sa famille, des traditions du passé. En l'honorant comme vous le faites, vous avivez cette flamme qui brûle au cœur de tout bon citoyen. Cette patrie réduite est, après tout, l'image de la grande patrie. C'est donc faire acte de bon patriote, en déroulant sous les yeux les faits et gestes d'un passé trop méconnu. Heureusement que ce n'est pas par tous que les morts sont oubliés. Les ministres de notre sainte religion les ont toujours présents, surtout à cette époque de l'année.

Ces bois de Verfeuil, qui ont fait si longtemps l'objet des convoitises de la communauté et des habitants, vous avez raconté leur histoire qui se confond avec celle du pays. Ils ont été comme l'enjeu de cette sourde et persévérante rivalité qui s'agitait entre le château et la commune ; mais, au

demeurant, malgré certains bouillonnements; cet antago-
nisme ne se produisit pas, comme ailleurs, par des excès
regrettables. Il faut en louer, comme vous l'avez fait, les
sentiments de justice des seigneurs et la sage prudence
de la généralité des habitants.

Bien à vous.

E. Piéchegut.

Uzès, le 9 novembre 1892.

Mon cher ami,

Je suis vraiment confus de votre délicate attention à
m'envoyer un *second* exemplaire de votre ouvrage sur Verfeuil, dans la crainte que le premier se fût égaré. Sœur Cons-
tantin s'était très bien acquittée de sa commission ; et si
j'avais prévu tant d'empressement de votre part, je me se-
rais hâté de vous accuser réception de ce livre. Je le lus
sans retard. Et comme je tenais à agir avec vous en véritable ami, cherchant à vous rendre service plutôt qu'à vous
faire des compliments, je pris la plume en faisant cette
lecture, et j'eus soin de noter certains points. Ils sont de peu
d'importance ; mais ma manière d'agir vous prouve mon
attention à lire votre travail et l'intérêt que je porte à cette
publication.

Agréez tout à la fois mes excuses, mes remerciements et
mes félicitations les plus sincères.

Votre tout dévoué confrère et ami.

F. de Laville,<br>Chanoine honoraire, Archiprêtre d'Uzès.

Valsauve, 19 novembre 1892.

Monsieur le Chanoine,

C'est avec un bien vif intérêt que je viens de lire votre livre sur Verfeuil. Le théâtre de vos études n'est pas grand, mais on y retrouve bien l'homme et ses passions qui forment le fond de toute histoire. Heureux si notre petit centre conserve cette paix dont il jouit aujourd'hui, et que votre récit nous montre ne pas avoir toujours été donnée.

Veuillez agréez, Monsieur le Chanoine, avec mes remerciements du plaisir que m'a procuré votre livre, l'expression de mes sentiments respectueux.

O. Blachère.

Saint-Etienne (Loire), le 10 décembre 1892.

Monsieur le Chanoine,

Votre cher et aimable voisin, Monsieur le Curé de Cornillon, a bien voulu, dans une visite que je lui ai faite au mois d'octobre dernier, me communiquer votre ouvrage sur Verfeuil; je viens d'en terminer la lecture. Laissez-moi vous dire, Monsieur le Chanoine, combien j'ai lu avec plaisir et intérêt cet ouvrage d'histoire locale de votre beau département du Gard. Pour le composer, vous avez dû faire de nombreuses recherches dans différentes archives, et déchiffrer non sans peine une multitude de manuscrits et de chartes des temps passés ; mais, animé et soutenu par votre unique désir d'être utile à l'histoire de votre pays, vous n'avez calculé ni votre peine, ni votre temps pour mener à bonne fin votre travail d'érudit. Vous y avez parfaitement réussi, Monsieur le Chanoine, car je doute qu'on puisse trouver, dans le même genre, une autre histoire locale mieux documentée que la vôtre de la seigneurie de Verfeuil. Aussi, comme vous le dit Monsieur le Curé de Bagnols, dans sa lettre approbatrice et élogieuse, honorez-vous de plus en plus par votre œuvre nouvelle de Verfeuil, et votre nom de grand érudit et d'infatigable chercheur en même temps que votre beau diocèse de Nîmes, qui renferme tant de prêtres distingués dans les lettres et dans l'histoire.

Veuillez agréer, Monsieur le Chanoine, avec tous mes sentiments d'admiration, l'hommage des mes respects les plus profonds avec lesquels j'ose me dire, en union de vos prières et saints sacrifices,

Votre tout dévoué en N.-S.

P. RALHIÈRE.<br>Aumônier des Petites-Sœurs, à Saint-Etienne<br>(Loire).

---

Flaux, 23 février 1893.

Monsieur le Chanoine,

Merci de votre envoi et de votre bonne lettre. Celle-ci m'a plus consolé que les attaques diverses que j'ai eues à supporter ne m'ont inquiété. Votre approbation est de celles que je considère le plus.

J'ai lu avec plaisir votre Verfeuil. Cette lecture a fait naître le désir de connaître Goudargues et Cornillon. Vous avez amassé de nombreux documents qui seront très précieux lorsqu'on voudra étudier l'histoire générale.

Les documents sont liés, coordonnés et étudiés. On voit que vous êtes un expert dans ces sortes d'études.

De plus, vous êtes un vrai littérateur.

Agréez, Monsieur le Chanoine, avec l'expression de ma reconnaissance pour votre bonté, la respectueuse considération avec laquelle je suis,

**Votre tout dévoué en N.-S.**

J. Arnoux, curé.

TOURS. — IMPRIMERIE PAUL BOUSREZ.

TOURS, IMPRIMERIE PAUL BOUSREZ.